顧客本位で成功する！

資産形成・投資の提案営業術

▌森脇ゆき 著

銀行研修社

はしがき

　本書は、筆者が現場で積み重ねた経験と知識に基づいた顧客本位での資産形成・投資の提案営業についてお伝えするものです。顧客本位の営業活動の要点は、お客さまがご自分で投資判断できるようサポートすることです。本書をお読みいただいて実践すれば、お客さまのお役に立つことを実感することができます。

　顧客本位での資産形成・投資の提案営業の実践は、３つのステップからなるとてもシンプルな営みです。すなわち、お客さまを知る、商品を覚える、そしてお客さまに合う商品があればそれを提案する。セールステクニックやセールス話法などは必要ありません。この３つのステップを念頭に置いて、それぞれ工夫しながら経験を重ねていくことで、あらゆるお客さまや状況に対し、応用を利かせた対応ができるようになるでしょう。また、本書は預貯金を扱う金融機関の役職員にお読みいただくことを前提として書かれています。筆者はその職業経験から意識の根底に金融機関の持つ公共性や社会的責任への関心が強くあります。それゆえに、経験や知識を金融機関で働く皆さまに還元したいという想いがあるのです。

　第１章では、金融機関が資産形成・投資の提案営業を実践することの意義を解説します。国民全体の健全な資産形成を促すためには、多くの国民が長期投資という有効な手段にアクセスできることが不可欠です。そのために金融機関の果たすべき役割が大きいことを示します。

　第２章では、顧客本位を貫徹することの重要性について説明します。お客さまが資産形成を達成するためには、それを案内する者が顧客本位で臨むことが大前提です。昨今の金融行政の変遷を振り返り

ながら金融機関の置かれている環境を概観しつつ、フィデューシャリー・デューティーの概念を学び、金融機関のあるべき姿を探ります。さらに、顧客本位を実践するのを妨げる収益性への懸念について反論を展開し、金融機関が生み出すことのできる付加価値について考えます。そのような価値創出の営みこそが顧客本位の実現であることを確認し、資産形成・投資の提案営業へと進む道筋をつけます。

　第3章では、資産形成・投資の提案営業の実践方法について解説します。根幹的な考え方を解説しつつ、実践的な方法論を紹介します。ここで示すのは、販売のためのテクニックではなく、お客さまに寄り添ったアドバイスができるための指南です。具体的なイメージが湧くように、筆者の経験に基づく事例も紹介して、お客さまのためになる提案活動がとても楽しいものであることを伝えます。

　第4章では、主に経営陣に向けた提言として、顧客本位での資産形成・投資の提案営業が行われるためには、どのような仕組みを構築することが求められるのか、どのように現場に働きかけるのがよいか、長年現場で働いてきた立場からの提案を示します。また現場担当者が読むことで、職場のあり方や自金融機関の経営陣の言動について考え、より広い経営の視点で自身の業務について見直すきっかけになることも期待します。

　本書には、筆者が出会った何千人というお客さまと、大勢の方々に教えていただいたことが詰まっています。本書が、お客さまのために活動する皆さまのお力になれば幸いです。

　2023年8月

　　　　　　　株式会社フィデューシャリー・パートナーズ

　　　　　　　　　　　　代表　森脇ゆき

目　次

第3章 資産形成・投資提案営業の実践

第4章　提案営業が実践される環境づくり

コラム

序　章

1 私の顧客本位の原点

　筆者が金融商品の販売に携わるようになったのは2007年4月です。当時は2003年頃から始まった米国の住宅バブルが牽引する世界的な好景気の末期でした。過去4年にわたって、どの国の株式もリートも債券もほとんど全ての金融資産で利益が出る状況でした。運用会社はハイリスク商品や高分配の商品を大量生産し、営業職員はそれをすごい勢いで売り捌き、お客さまも感覚が麻痺したかのように買い求めていました。「金利の低い預貯金などにするのはばかげている」「退職金は運用へ」「他行の商品に負けてはならぬ」「もっと値上がる資産を」「もっと分配金の出る商品を」……そのような雰囲気に覆われていました。実際、2007年6月に新規設定された欧豪リートは発売前から注文が殺到し、購入希望のお客さまを一時的にお断りする事態にまでなりました。そのような様子を見て、投資信託を保有したことがなかった筆者は「投資信託とは、飛ぶように売れる商品なのだな」という驚きとともに、投資信託を営業する担当者としての道を歩み始めたのでした。

　ところが、同年6月付近から米国でのサブプライムローン問題が顕在化し世界の株式市場は軟調な動きを見せ、10月から本格的に下落し始めました。しかし、銀行全体としては販売が衰える雰囲気はまるでありませんでした。運用会社の担当者は、支店内での勉強会で「あと1年くらいはいけます」という説明をしていました。勉強不足で運用会社が持ってくる情報に依存していた当時の筆者は、そのような楽観的な説明をそのまま鵜呑みにして、お客さまにお伝えしました。多くの職員も、そしてお客さまも足元の下落基調に不気味さを感じながらも、それを見ないふりをしていたように思います。支店の営業担当者は過去の価格上昇の残像を追いかける

ような浮足立った案内をし、お客さまは自分のリスク許容度に見合わない投資行動を続けました。その結果、6月に新規設定された欧豪リートは約160億円超を集めて運用がスタートし、同年10月には約650億円の純資産に膨れ上がりました。そして訪れる翌2008年9月の世界金融危機（通称リーマン・ショック）。

　お客さまがこぞって購入した商品のほぼ全てが暴落。投資資産が約半分になりました。欧豪リートの基準価額は、2007年6月募集開始時の10,000円から、2009年3月10日時点で1,781円になりました。80％以上の下落です。単純計算で1,000万円の投資金額が200万円以下になったことを意味します。このような状況下で顧客フォローをしつつ、相変わらず課される販売ノルマに押し潰され、「お客さまの資産がどんどん減っていくことに耐えられません」と泣きながら退職した職員もいました。

　筆者にとって、早々に受けた容赦ない市場の洗礼でした。筆者の顧客本位の営業活動は、このときの経験に根ざしています。ここで、筆者に顧客本位の活動を開始する気付きを与えてくださった2人のお客さまのエピソードをご紹介しておきます。

2　"往復びんた"で気付いた投信営業のあるべき姿

（1）「こんなにマイナスになるとは」の衝撃

「森脇さんが案内してくれたから買ったのに…」

　目の前に座っているお客さまが筆者と目を合わせずに絞り出した言葉でした。

　Iさま50歳代女性、懇意にしていたお客さまの一人です。投資金額は1,000万円。保有商品は当時最も売れ筋だった米国株式ファンドと米国リー

トの2本。残高が1,000万円から約500万円に半減していることへの状況説明をしている時のことでした。つい先日まで筆者を信頼してくださっていたIさまの言葉を聞いた瞬間に、胸が圧し潰されそうな息苦しさを感じました。それと同時に筆者の脳は、契約時のやり取りを思い出すために高速回転していました。

　Iさまは「おすすめ商品があったら教えて欲しい」というタイプであったため、経験の浅い筆者は面談前に先輩に教えを請いました。そして筆者がIさまに対して行った提案は、「今上昇している商品」というカテゴリーで商品を紹介するというものでした。金融商品を販売する際に特定の銘柄を推奨販売しないルールに則り、複数商品を案内してお客さまに選んでいただく形をとっていました。また、契約書類一式やリスク確認書等々の書類の徴収、必要な説明も確実にこなしており、コンプライアンス上は何の問題もない販売でした。しかしながら、筆者は目の前のIさまを見ず、商品のセールストークを展開していました。その結果、Iさまはご自分の取るべきリスクの許容範囲を超えてしまったのです。「あなたが案内してくれたから買ったのに」という言葉に、筆者はただ「申し訳ございません…」と返すしかありませんでした。

　下落時の対処方法について説明しようとする筆者に対し、Iさまはもはや聞く耳を持たず、不信感を露わにして投資信託の解約を希望され、約500万円の損失が確定しました。

　帰宅後も、契約時の会話のやり取りを必死に思い出していました。以前のIさまの笑顔と、今日のIさまが筆者に向ける不審に満ちた眼差しが脳裏から離れず、その日はほとんど眠れませんでした。「こんなに下がるとは思わなかった。これ以上の下落は耐えられない」という解約理由を反芻しながら、Iさまのリスク許容度について考えました。マイナスになることは当然理解しているはず、そしてリスク許容度は高いはずのお客さま

です。未来の損益が未確定の商品をどのように案内するのが正解だったのか、どの商品なら価格変動に耐えられたのかをひたすら考えました。「100年に一度」と言われるほどの金融危機なのだから販売やフォローにも限界があるのではと正当化してみたり、自己嫌悪に陥ったり、終わりのない思考のループに入っていました。そして、この先延々とフォローする大勢のお客さまのことを考え、この状況から逃げ出したいと本気で思いました。特段の解決策は思い浮かばず憂鬱で混沌とする意識のまま翌朝を迎えました。

（2）「マイナスは当たり前」の衝撃

　翌日のフォロー最優先はTさま、80歳代女性。支店の大口顧客として代々VIP待遇で引継がれてきたお客さまです。投資金額の合計も5,000万円を超えており当然マイナス金額も莫大。憂鬱な気持ちを抱えながらアポ入れの電話をしました。まずは一通り状況をご報告すると、Tさまは明らかに不機嫌な調子で一喝されました。

　「森脇さん、あなた性格暗いわね。投資が下落するなんて当たり前でしょ。そんなに深刻ぶって連絡してこないで！驚かさないで頂戴！」

　このとき、筆者は電話口で、鳩が豆鉄砲を食らったような顔をしていたと思います。損失に動揺するお客さま対応に苦しんでいた筆者にとって、それは全く逆方向からの衝撃でした。そしてとっさに出た言葉は、Iさまに対してと同様「申し訳ございません！」でした。

　Tさまは保有商品をご自分でしっかり品定めして選んでいました。証券会社も含め複数の金融機関で取引があり、投資経験も豊富で、下落時には平然と追加購入ができる方だったのです。筆者は、Tさまのリスク許容度がどれほどのものか、そして何より投資の何たるかを理解していなかったのです。

この経験から筆者は２つのことを誓いました。１つは自分の未熟さのせいで、銀行に不信感を持ち、投資から遠のいてしまったＩさまのような方を二度と出さないこと。もう１つは、お客さまが適正なリスクを取り、そのリスクを人生の楽しみや資産形成の選択肢として考え、またその後に訪れるであろう市場の変動に動じず、担当が変わってもご自分で判断できるＴさまのようなお客さまを増やすこと。そのようなお客さまと伴走ができる銀行員になること。そう、全てのお客さまが自立してお金のことに向き合えるようにしたいと思ったのです。

第1章

国民の資産形成と
金融機関の果たすべき役割

1　貯蓄し続ける日本人

　老後の資金が心配である、そう考えている日本人は少なくありません。老後の金銭面での不安を感じている人は 6 割[1]を超え、また 7 割近い人が老後の生活資金のために金融資産を保有[2]しており、その大部分を現預金として貯蓄しています。多くの日本人は老後のために貯蓄している、これは金融機関で日々お客さまと接している私たちには実感としてよく分かる現象です。一方で、預貯金金利は長らく極めて低い水準が続いています。このことに不満を持っているお客さまは少なくないでしょうし、金融機関職員としても預貯金だけを案内することで十分だとも思えません。

　金融機関に預貯金として預けていれば 1,000 万円まで元本は保証されるため金額が減ることはありませんが、インフレーション（以下、インフレ）によって実質価値が低下するという弱点があります。100 円で買えるあんパンがインフレによって 110 円になったとしたら、手元にある 100 円というお金の実際の価値は 1 割近くも減少することになります。一般に適度な経済成長が実現されている社会では緩やかなインフレになることが知られています。日本は長年デフレーション（以下、デフレ）に見舞われてきましたが、2013 年以降は政府・日銀が政策として 2 ％程度のインフレ目標を掲げています。つまり、インフレは経済の状態として普通にあり得るこ

1　生命保険文化センター「生活保障に関する調査」2022年度
　　https://www.jili.or.jp/lifeplan/lifesecurity/1157.html
2　内閣官房 新しい資本主義実現本部事務局『資産所得倍増に関する基礎資料集』5p
　　https://www.cas.go.jp/jp/seisaku/atarashii_sihonsyugi/bunkakai/sisanshotoku_dai1/siryou3.pdf

とだと言えます。

　ましてや日本は、食料やエネルギーという生活に不可欠な物資の大部分を輸入に依存しています。食料の自給率はカロリーベースで38%（2021年度）[3]であり、エネルギー自給率に至っては11.3%（2020年度）[4]に過ぎません。これは、為替が円安に振れることによって生活必需品を含む物価が上昇する可能性が常にあるということを意味しています。

　このように、超低金利とインフレによる資産価値の低減というリスクを前にして、老後資金の準備を預貯金の一本槍で対処するのは心もとないものがあります。

　ではどうすれば良いのか。

　その方法の一つが投資をすることで資産形成を図るということです。一般的にはインフレ対策には株式投資が有効とされています。経済の成長に伴うインフレが発生した場合、経済成長とともに成長する企業の株式にお金を投じておくことで、その成長の恩恵にあずかれます。このようにして、物価の上昇に対して購買力をある程度維持することができ、株式投資は合理的な行為であると言えます。また、投資を通じて日本円以外の資産を保有しておくことで、円安に伴う購買力の低下への防衛策ともなります。

　もちろん、将来何が起こるかは分かりません。インフレは発生するかもしれませんし、しないかもしれません。分からないからこそ、リスクを分散するために、預貯金のみではなく、投資にも資産を配分しておくことは重要です。私たちは、資産形成や保全を考えるお客さまのために、投資という手段があることをお伝えする使命があるのです。

3　農林水産省『令和3年度食料自給率について』
　https://www.maff.go.jp/j/zyukyu/zikyu_ritu/attach/pdf/012-4.pdf
4　経済産業省資源エネルギー庁ウェブサイト「日本のエネルギーの今を知る10の質問」
　https://www.enecho.meti.go.jp/about/pamphlet/energy2022/001/

② 積立投資の重要性

　老後の資産形成を行ううえで、非常に優れた方法が長期にわたる積立投資です。定期的に一定の資金を投資していき、長い年月をかけることでしっかりと資産を築くことができます。

　積立投資の有用性を語るのに、本多静六という人物を紹介しましょう。明治から昭和期に活躍した林学者であり、造園業で成功した実業家でもあります。巨万の富を築いた彼が実践したのが「四分の一天引き貯金法」です。収入の四分の一をまず貯蓄・投資に回して、それを最初からなかったことにして残りのお金で生活するということです。お客さまの中には、定期積金・積立定期預金などによって、知らない間にお金が貯まるという積立の成功体験をお持ちの方は少なくないと思います。

図表 1 - 1　日米英の家計金融資産の推移

○2000年から2021年末までを見ると、米国・英国ではそれぞれ家計金融資産（現金・預金、債券、株式等）が3.4倍、2.3倍へと伸びているが、日本では1.4倍の増加にとどまっている。

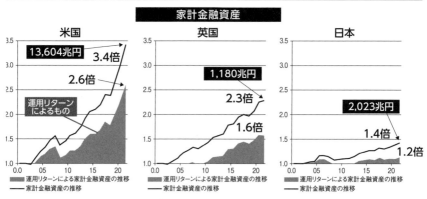

（注）上記の運用リターンによる資産の伸びは、資産価格の変動による伸びから算出しており、利子や配当の受取りを含まない。
（注）21年末時点の値。米国、英国については、21年12月末の為替レートにて換算（1ドル＝115.24円、1ポンド＝155.74円）
出所：資産所得倍増に関する基礎資料集（令和4年10月 内閣官房 新しい資本主義実現本部事務局）

　積立投資が大きな効力を発揮する例として見ておきたいデータがあります。図表1－1は日米英の家計金融資産の推移を表したものです。日本に比べ、米英の金融資産残高の伸びが顕著であることが分かります。

　この原因の一つは、80年代に米英において年金制度改革が行われたことにあります。特に米国においては2007年から401（k）プランの初期設定が投資になったことにより、投資に関心がなく年金積立の設定について何も行動を起こさない人でも、自動的に給与の一部が投資に振り向けられる仕組みとなりました。投資を活用した資産形成が大きく推進されることになったのです。

　このデータは必ずしも、米英の人々が日本人より金融リテラシーが高く、積極的に投資に注力して利益を上げていることを示すものではありません。制度により積立投資が後押しされた側面があることがうかがわれます。

コラム　ドル・コスト平均法がマイナスになるとき

　定期的に一定金額の投資商品を購入していくドル・コスト平均法は、積立投資でよく用いられる手法です。価格が低いときには購入量が多く、価格が高い時には購入量が少なくなり、長期投資でリスクを抑えるのに適していますが、万能というわけではありません。

　図表1－2をご覧ください。2つの図はドル・コスト平均法で毎月1万円ずつ10年間の積立て投資を行った推移を表しています。120ヵ月で拠出金額は120万円です。

　①は5年経過後に当初1万円だった基準価額が1,000円まで暴落します。後半の5年でやっと元の1万円に戻り解約することにしました。そしてここで解約すると、120万円の拠出に対して売却額は約307万円となり、損益はプラス約187万円です。

図表1－2　ドル・コスト平均法による積立（10年）

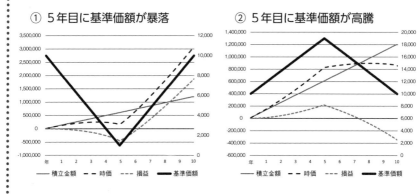

① 5年目に基準価額が暴落

② 5年目に基準価額が高騰

凡例：—— 積立金額　- - 時価　---- 損益　━━ 基準価額

　一方、②の方は、5年経過後の基準価額は 19,000 円に高騰します。後半の5年で元の1万円になり、解約することにしました。そうすると、120 万円の拠出に対して売却額は約 86 万円となり、損益はマイナス約 34 万円です。

　売却時点での基準価額より、積立をしている間の価額が高値の状態が長くある場合には、損益がマイナスになる可能性があるということが分かります。

　続いて図表1－3をご覧ください。先ほどの図表1－2の下落局面 10 年と上昇局面 10 年を繋いで、20 年間積立を継続した場合のシミュレーションです。

　図表1－3①は下落局面先行であり、図表1－3②は上昇局面が先行した場合です。両方の表で 20 年経過時点では同額になります。基準価額は1万円、積立拠出金額 240 万円、時価評価額約 392.8 万円　損益額約＋ 152.8 万円です。

　しかし大きく違うのが、投資元本が割れている時期と期間です。グレーの破線が損益を表していますが、図表1－3①では6年を少し経過した 76 ヵ月経過時点でプラスに転じます。マイナス時のフォローは約6年続くことを表しています。そして図表1－3②では、7年を経過した 90 ヵ月目にマイナスに転じ、それ以降 215 ヵ月目にプラスに転じるまで、125 ヵ月間、約 10 年以上もマイナスの状態が続いています。

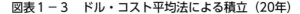

図表1－3 ドル・コスト平均法による積立（20年）

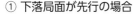

① 下落局面が先行の場合

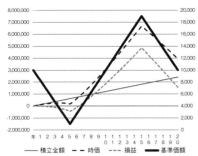

② 上昇局面が先行の場合

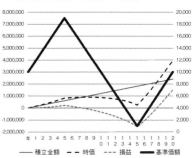

　これらの表を見ると、最安値に近い水準で購入して、最高値に近い水準で解約したいと思う方もいるでしょう。しかし、いつが底値でいつが天井値なのかは過ぎてみなければ分かりません。もっと上がるかもしれません。もっと下がるかもしれません。分からないからこそ積立をして時間と金額を分散し、そして長期で保有するというのが先人たちの知恵なのです。

　筆者がいつもお客さまにお伝えしている積立投資を成功させるための、驚くほど簡単な3つのポイントがあります。

　①基準価額の下落時こそ買い続ける

　②分からないものは契約しない

　③投資ゴールの時期を変化させても良いように資金や生活スタイルに余裕を持つ

　1つ目のポイントは下落時に喜んで買い続けることです。基準価額が下落している局面というのは、リーマンショックであったり、コロナショックであったり、不安定な要素があるからこそ下落します。買い続けることは心理的に負担がかかるかもしれませんが、そこを乗り越えることが大切です。筆者や周囲の方々は下落局面においてより多くの口数を買うために、積立額を増額することが多いです。

　2つ目のポイントは分からないものは買わないということです。分からないものは下落時の理由も不明であるため、安くてラッキーだとは思えず

怖くて解約したくなることが多いです。

　3つ目のポイントは、投資終了の時期を変化させることを想定しておくことです。リーマンショックのような下落相場は数年続く可能性があるからです。日々の細かい価格変動を気にする必要はありませんが、長期投資の場合に問題となる景気や株価の大きな変動は一度下落局面に向かうと数年間反転しません。また上昇も同じです。投資終了が近づいた時期に価格が下落してしまった場合はプラスに転じるまで待っていただくようにと、積立開始時期からお伝えしています。たとえば65歳をゴールに投資していた場合、取り崩しの時期を約5年早めたり、約5年遅らせたりすることが可能であるかを契約の時点で予めお聞きしています。

　ドル・コスト平均法を利用した老後の資産形成は有効な方法ですが、運用期間中に含み損が発生しないということではありません。投資額がマイナスになっている時期の過ごし方をしっかりお伝えし、お客さまが投資目的を達成できるようにサポートしましょう。

3 資産形成のための制度

　日本でも投資による資産形成を促進する仕組みが整えられてきています。2000年代以降、確定拠出年金、一般NISA、つみたてNISAが導入されました。確定拠出年金やつみたてNISAには、天引きによる積立の効果が発揮される自動引き落としが実装されています。しかし、制度が複雑でかつ改変が繰り返される発展過程にあり、着実に利用者は増えているものの、認知度・普及率は未だ低く[5]国民の資産形成に寄与しているとは言い難いのが現状です。

5　一般財団法人投資信託協会【2022年NISA、iDeCo等の制度に関する調査】
　https://www.toushin.or.jp/files/statistics/90/2022_.pdf

　老後の資産形成に対する関心は高いはずなのに、このような制度を利用した投資が普及しないのはなぜでしょうか。一つは投資についての理解が十分ではないこと、そしてもう一つは制度の問題です。

　日本人の投資についてのリテラシーを高めるために、金融教育の必要性が叫ばれています。投資についての理解を深めることは重要だと思いますが、多くの国民にそれを課すことの意義について、筆者は疑問に感じています。私たち多くの国民にはそれぞれに忙しい日常生活があり、目の前にこなすべきことがたくさんあります。空いた時間があれば、趣味や大切な人と過ごすことに使いたいはずです。今まさに抱えている事柄に比して関心の薄い老後の資産のために、無理を強いて投資セミナーなどを受講したところで適切な投資行動にまで至るのは難しいように思います。

　制度の難解さも問題です。NISA は金融庁管轄の非課税投資制度であり、iDeCo（個人型確定拠出年金）は厚生労働省管轄の税優遇のある年金制度です。選択できる商品にも大きな差があり、お客さまの理解促進を阻むものとなっています。今後、より分かりやすく使いやすい仕組みとなるように、大胆で横断的な制度設計やガイダンスが整備されることを期待しています。

　このようなことから、制度を活用しているのは、金融リテラシーが高く自ら積極的に投資する層に偏っているのが現状です。また、2024 年から開始される新しい NISA は非課税枠が拡大され、生涯投資枠として 1,800 万円という大きな金額が設定されています。制度を利用した際の効用は大きくなります。たとえば、月々 5 万円 30 年間の積立てをするのに、NISA で投資信託を購入する場合と、預金で貯蓄する場合とで比較してみます。金融庁のウェブサイトにある資産運用シミュレーション[6]を使い、前者は

6　金融庁 資産運用シミュレーション
　https://www.fsa.go.jp/policy/nisa2/moneyplan_sim/index.html

図表1-4 資産運用シミュレーション（積立金額と運用成果）

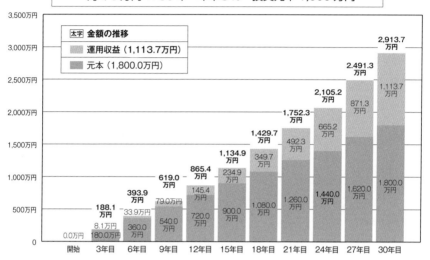

月々5万円 × 30年　年率3%　投資元本 1,800万円

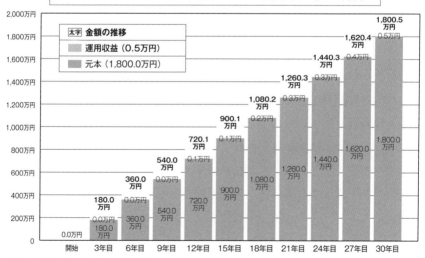

月々5万円 × 30年　年率0.002%　投資元本 1,800万円

出所：金融庁サイトより一部抜粋

想定利回りを世界経済の成長率に近い３％とし、後者は現在の預金金利である 0.002% として計算してみます。投資元本は 1,800 万円ですが、前者の最終積立金額 29,136,844 円に対し、後者は 18,005,386 円となり、その差は 11,131,458 円になります。しかも、前者の利益には税金がかかりません。あくまで単純化した比較ですが、制度の恩恵を享受できる人とそうでない人の間に、将来的により一層の格差が生じる恐れがあることが分かります。

　制度の普及を担う金融機関にとって、また地域経済と共にある金融機関にとっては、この状況は看過してよいものではありません。私たちは、老後の資産形成という多くのお客さまのニーズに応えるために、その有効な手段として投資とそのための制度を分かりやすく説明していくことが求められています。

コラム　NISA と iDeCo は税制優遇で推さないこと

　そもそも資産形成としての投資は、NISA などの税制優遇制度が始まるずっと以前から実行されています。そのような投資を行う方々は、これらの税制優遇制度について「あれば使う」という姿勢であり、もし今後税制に変更があっても、資産形成をするという当初の目的から逸れることなく冷静に長期投資を継続するはずです。

　NISA は投資の利益が非課税という制度であり、期間内に損失が出ればその恩恵を受けることはできません（2024 年から恒久化されるため、ずいぶん使いやすくなります）。一方、iDeCo（個人型確定拠出年金）は掛金が所得控除となる税制優遇の制度であり、受取時の資金は原則課税です（企業型確定拠出年金も同様です）。今年就職した人にとってみると約 40 年後の退職金税制が関係してくる訳です。将来の税制を予測することはできませんから、最終的にどの程度節税になるかは何とも言えません。

　NISA も iDeCo も申込時のガイドとして、「税金がおトク」と推す傾向

がありますが、読者の皆さまはそれを止めてみてください。筆者はお客さまに対して「税金がおトクだからやりましょう」ではなく「税制優遇がなくてもやりましょう」「老後の資産形成をしましょう」と申し上げております。

　お客さまの年齢や勤務先の状況によって、申込みのしやすさや、どちらがより有利であるかは、様々かと思います。老後の資産形成を考えるならば、まずは始めやすいほうから開始していただくのが良いです。迷っていては開始できません。特に NISA は解約が自由ですから、まずは開始していただき、iDeCo を優先したくなったらつみたて NISA への掛け込みは停止してもよいのです。

　税制優遇があるという点のみにフォーカスしていては、相場変動や制度の変更に踊らされ、目的を達成できない可能性が生じます。つみたて NISA も iDeCo も、資産形成をするという当初の目的を常にお客さまと共有しておきましょう。

4　お金の考え方マップ

　資産形成のために投資が有効な手段の一つであることを述べました。投資をする際に是非考えておきたいことは、それが自分にとってどのような位置づけにあるのかということを明確にすることです。

　私たちが老後のために、あるいは現在の自分の健全な生活を支えるために取れる手段は何も投資だけではありません。私たちが生きる社会はどのような仕組みになっているのか、利用できる制度としてはどのようなものがあるのかを理解し、その上で投資をいかに活用するかを考えたいものです。そのような観点から知っておいていただきたいのが社会保障制度です。日本人が「老後のために」「いざという時のために」ひたすら貯蓄し

図表1−5　国民生活を生涯にわたって支える社会保障制度

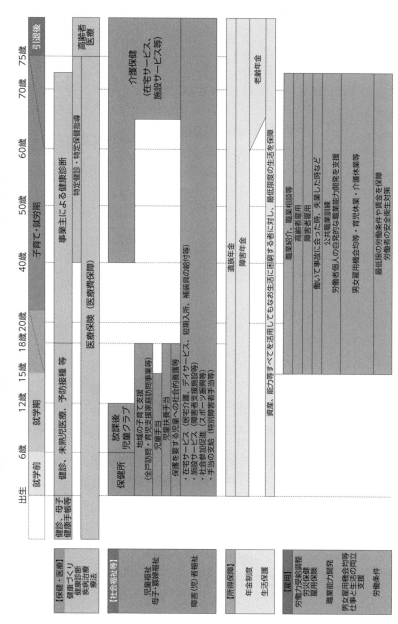

出所：厚生労働省

続けるのは、このような制度についての理解が乏しく、将来の生活への不安が漠然としているからです。無限に貯蓄し続けるのと同じように、闇雲に投資に自分の将来を賭けるなどということのないよう、社会保障制度を理解して自分にとってどのような課題に対応するために投資するのかを明確にしましょう。

　たとえば iDeCo（個人型確定拠出型年金）への加入を考える際には、公的年金制度の理解が不可欠です。まず自分が何の年金に加入しているのか把握しておかなければなりません。また、健康保険制度を知らなければ、いざというとき、たとえば病気や事故に見舞われた時にどのような手段で対処できるのか分かりません。

　筆者はこれらのお金にまつわる対策を考えるうえで、お金の考え方マップというものを作成して活用しています。縦軸に必要な金額、横軸に発生確率をとり、人生の中のさまざまな出来事を配置します。その出来事の出費に対してどのような手段で金銭的に対処するか、図表１－６の中の位置

図表１－６　お金の考え方マップ

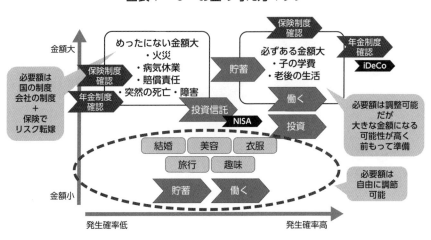

出所：株式会社フィデューシャリー・パートナーズ

ごとに考えるのです。ポイントは、多くのお客さまが心配だと口にする、老後の生活といざというときのための資金です。図表1－6の中の上部にあたるものですが、これらの金額が大きなものについては、国や勤務先の年金や保険で最低限カバーできることを確認しましょう。

　たとえば、働けなくなるリスクは主に3つあります。すなわち、怪我や病気、死亡、そして老齢です。それぞれのリスクは社会保障制度でカバーされます。年金の場合は怪我や病気で働けなくなった場合の障害年金、死亡時の遺族年金、老齢時の老齢年金。また、健康保険証を持つ全ての人は、高額療養費制度の対象であり、医療を受けた際の月の自己負担限度額が年収に応じて定められています。したがって、ひと月の医療費が青天井に跳ね上がるということはありません。ガンの標準治療である外科的な手術に加え、放射線治療や抗ガン剤治療も高額療養費制度の対象です。独自の健康保険組合がある場合や、公務員の方などは、高額療養費制度に加え、一部負担払戻金という補助金が出て、ひと月の負担上限額がさらに抑えられている場合も多くあります。また企業に勤務する方が怪我や病気で働けなくなったときには、一定の条件で傷病手当金などの給付も受けることができます。このように私たちの社会にはそれなりに手厚い保障があるのです。

　これらで足りないものを自助努力で準備することになります。貯蓄や投資や保険はその手段としてあるのです。これが分かれば、老後のためにただひたすら貯蓄するという行動から、保険や投資によって対処するというリスク管理方法を意識できるようになります。

1　お金とは何か

　「投資とは何か」を考える前に、より根本的な問いである「お金とは何か」について考えることから始めましょう

　お金の持つ役割は様々ですが、本書では財やサービスとの交換手段という側面から考えてみます。私たちの社会では様々なモノ・コトが日々やりとりされていますが、それらの取引（経済活動）の多くにはお金が介在しています。お金が「経済の血液」と言われる所以です。

　血液というからには、正しく循環していなければなりません。血液の流れが滞り、各器官に行き渡らなければ健康を保つことができないように、お金の循環が適切になされなければ、社会は健全性を損ないます。直ちに資金を必要とする事業者に、誰かの持つ使うあてのない余ったお金が融通されれば、事業が継続・拡大されて社会の豊かさが増します。さもなければ、事業は立ち行かなくなり、産み出されるはずのものが減少することで社会は停滞します。社会の維持・発展のためには、適切なお金の流れを絶やさない必要があります。お金が社会の中を滞りなく円滑に流れるようにする役割を担っているのが金融機関であり、それが心臓にたとえられることからも、その責任の大きさを感じることができるでしょう。

　お金を「財やサービスとの交換手段」と定義した場合、その役割を果たすのは必ずしも日本銀行券である必要がありません。普段使用している一万円札は貴金属でできているわけではないので、材質としてはそれ自体大した価値を持たないただの紙です。デパートの商品券やギフトカードを

使用したことがあると思いますが、これらも同様にただの紙です。それらがなぜ交換の手段として流通しているかといえば、一定の使用範囲内においての"信用"が備わっているからです。日本国内であれば誰もが、この一万円札を財やサービスと交換してくれるはずだ、という信用です。信用を失えば日本銀行券も文字どおりの紙切れとなります。通貨が紙切れになった例は世界にいくつも存在します。筆者がセミナーでよく使う例は、ハイパーインフレを起こしたジンバブエドルです。交換手段として誰も信用しなくなったジンバブエドル紙幣にはとんでもない桁数の額面が印字されています。

　昨今では、地域通貨や企業が発行するポイントなども流通しています。キャッシュレス化が加速するにあたり、日本銀行券に縛られないお金の様々なあり方に注目し、地域の持つ課題やお客さまの問題に対して、金融機関は新しい対処方法を思考することも必要になってくるでしょう。

　さて、この社会におけるお金の持つ機能とそれを取扱う金融機関の役割について確認したところで、次のミニワークに取組んでみましょう。

　あなたは、とある企業の社長です。会社を大きくしたい、従業員をもっと雇いたい、新たな設備を購入したいなどと考えています。さて、どのようにして資金を集めるでしょうか。思い付いた方法を紙に書いてみましょう。

　金融機関の研修で実施した際に多い回答例は、「頑張って売上を伸ばす」「金融機関から借りる」「出資してもらう」ですが、この他にも、株式の発行、債券の発行、寄付、クラウドファンディングなどいろいろな方法を回答いただいています。

　ここまで考えてくると、投資というものの性質が見えてきませんか。事業者の資金調達という点においては、投資も融資も同じです。そして、融資は金融機関が預金者から集めた資金を融通するということを思い起こせ

ば、金融機関に口座を持つお客さまは、誰もが預金という行為を通してお金の循環を生み出す活動に間接的に関わっているのです。投資とは、それとは別の形で、その活動に参加することに他なりません。投資をギャンブルだと感じる方が多いのは、単にお金の循環について理解が広まっていないためではないでしょうか。投資はうまく儲けるための手段だと思われがちですが、本質はあくまで必要なところにお金を流していく活動であることを強調しておきます。

投資とは何かをお客さまに説明するには、融資の原資となる預金をしていただいていることについての感謝の気持ちを伝えることから始めると良いでしょう。そして、お金の巡りを通じた社会との関わりについてご理解いただければ、投資という形で参加することに魅力を感じていただけることでしょう。

2 投資とは何か

投資を理解するために、ここでは身近な例から考えてみましょう。

あなたの大切な親友が起業することになりました。これから世の中に真に必要とされる分野での事業であり、あなたは心から応援したいと思いました。友人は資金が必要であり、様々な資金調達方法を考えているようです。

あなたは手元に全く使うあてのない100万円を持っています。友人のビジネスに必要な資金を融通して応援したいと申出ます。すると友人は以下の2つの方法を提示してきました。このうちどちらかを選んでもいいし、両方選んでも構いません。手元の100万円を好きなようにAとBに配分してみてください。

A）「融通してくれた資金は自由に事業のために使わせていただく。事業

がうまく行ったらその利益を配分するよ。会社が大きくなったら、その利益はあなたが融通してくれた資金の何倍にもなる可能性があるけど、事業が失敗したら融通してくれた資金は返済できないと思う」

B）「融通してくれた資金は年間1％の金利を付けて5年目に全額返します。事業が苦しくても破綻していなければ約束どおり返すことができると思う」

あなたは手元にある100万円を、AとBどちらの方法にいくら融通しますか。

この問いは研修でも使うのですが、受講者の皆さまは実に様々に回答します。たとえば、Aに100万円、あるいはBに100万円。A、Bそれぞれに50万円ずつ。Aに30万円、Bに70万円。またAには0円Bに50万円、手元に50万円など様々です。

解説していきましょう。

Aは株式投資、Bは債券投資に相当します。

Aの株式投資で得られる利益は会社の成長であり、その成長は無限の可能性があります。また出資した範囲で全額損失を被る場合もあります。一方、Bは債券投資になりますので、所定の年数が経過した後は元本とその利息を受け取ることになります。会社が破綻していれば返済されませんが、存続している限り会社には返済義務が生じます。

このシミュレーションをすることで、自分のリスク許容度が判明します。Aに100万円という方は株式100％。AとBに半々ずつと言う方は株式と債券50％ずつの分散投資です。ここでは株式や債券の本質のみならず、人それぞれリスク許容度が違うこともイメージできたと思います。

続けてもう一つ質問します。もし起業するのが親友ではなく、あなたの家族ならどうでしょうか。AとBの金額の配分に変化がある方が多いのではないかと想像します。もしかしたら、投じる余裕資金がもう少し増える

かもしれません。

このことで分かるように、あなたのリスク許容度は、投資する相手や事業の内容、そして手元資金の状況などによって変化するのです。それと同様にお客さまも、投資先、投資資産、お客さまの状況そして価値観などにより投資に対するリスク許容度が変わることを理解できたのではないでしょうか。

このように、投資を友人の起業という例から考えてみると、この社会に存在する名だたる企業も最初はこのような小さなスタートであったかもしれません。投資という得体の知れないものを身近に感じていただけたのではないでしょうか。

投資家としての気持を理解したところで、次は起業する友人側に立って資金調達する者の景色も確認してみましょう。

図表１−７　株式と債券投資の正体

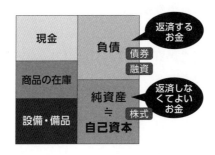

出所：株式会社フィデューシャリー・パートナーズ

企業のバランスシートを見ると、資金調達の手段は大きく分けて２つあります。１つは返済が必要な資金として融資や債券があり、これらは取り決めた金利を付けて返済する性質のものです。一方、返済不要の資金として、株式を発行して得られた資本があります。株主には、企業が上げた利益を配分します。

株式投資と債券投資の正体がここで確認できました。

3　投資と投機

投資と似たような言葉に、「投機」があります。

投資に対してギャンブルだというイメージを持っている人がいますが、ギャンブルに近いのはむしろ投機のほうです。どちらも利益を求める行為であることは共通していますが、違いを理解するには保有期間に着目します。短期で売買を行うのが投機であり、長期で保有するのが投資です。価格変動の「ブレ」により得られる利益を期待する投機に対し、投資は企業や経済の長期的「成長」に期待している点が大きく異なります。

投機とされるものは、株式の短期売買の他、金や原油など需要と供給で価格が変動するものにお金を投じる行為も含まれます。競馬やパチンコ、宝くじなどのギャンブルは、集めたお金から経費を引いて当選金としています。投機はこれらギャンブルと本質的に同じであり、基本的に社会に対して新たな価値を生み出すことにお金を投じる営みではありません。それによって得る利益は、必ず誰かの損失によって生み出されたものであり、ゼロサムゲームなのです。これは投資とは別の営みであることを理解してください。

多くのお客さまにとって投資を開始する目的は、比較的遠い未来のための資産形成であり、すなわち投資に該当する場合が多いはずです。しかし、相場の変動により、当初の目的を外れて短期間での売買をしたくなるお客さまも少なくありません。その際、短期の売買に応じることは良いのですが、お客さまご自身がご自分の行動が「投資」から「投機」に変わったことを理解し、納得していただく必要があります。引続き投資が必要であれば、投資のための資金と投機のための資金を分けて管理する必要があるで

しょう。

　投資を目的としたお客さまであっても、投機に走ることがあるのはなぜでしょうか。これはお客さまの心理状態にあります。投資は長期で置いておくものであり、価格が変動しても動じない姿勢で臨むことが必要です。あえて悪く言えば、それは「退屈でつまらない」という面があります。一方で、投機やギャンブルは「ドキドキわくわく楽しいもの」なのです。

　短期売買そのものが悪いわけではありませんが、預金を預かる金融機関職員は相場を予想したりはしないし、できないため、その行為を能動的にサポートすることは難しいでしょう。

　私たちの仕事は長期的な投資をご案内することです。投資には、投機で感じるような興奮や高揚感はなく、ただひたすら長期で継続することが求められます。長期でサポートする担当者にとっては、相場変動時も老後の資産形成という当初の目的を思い出してもらうなど地味なフォローが続きますが、投機と投資の違いをはっきり区別することでフォローの意義を確認できると思います。そうして、お客さまの大切なお金が、企業の、そして経済全体の成長へと繋がっていき、その成長の果実をお客さまが長年にわたり享受していくお手伝いをしているのです。

第3節　金融機関の果たすべき役割

１　対面金融機関の付加価値

　まずは図表１－８をご覧ください。アドバイスを受けることでの金融商品を購入したいと思うかどうかを問うたアンケート結果です。「購入したいと思わない人」は、全体の41.3％しかいません。残りの約60％の人はアドバイスを受けて金融商品を購入する可能性があるのです。特に老後の資産形成が必要な20代30代は70％近い人が購入の可能性があります。

図表１－８　アドバイスを受けることでの金融商品の購入意欲

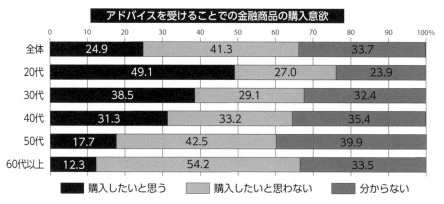

○ 「あなたの立場に立ってアドバイスしてくれたり、手続きをサポートしてくれる人がいたら、リスク性金融商品を購入したいと思うか」というアンケートに対し、20代で５割、30代で４割、全体平均では25％程度が「購入したいと思う」と回答。

(注)「もし、あなたの立場に立ってアドバイスしてくれたり、手続きをサポートしてくれる人がいたら、リスク性金融商品を購入したいと思いますか。」という問への回答。「資産運用に関する知識がないから」、「購入・保有することに不安を感じるから」、「購入するのが面倒だから」、「普段忙しい／時間的なゆとりが無いから」、「勧誘されるのが面倒だから」と回答した者が対象であり、1,981件

出所：資産所得倍増に関する基礎資料集（令和4年10月 内閣官房 新しい資本主義実現本部事務局）

40代でも66％以上の人が購入の可能性があります。「分からない」という人はどの年代でも30％ほどあり、実際の行動は受けたアドバイスによって変容する余地が想定されます。対面の金融機関の役割は大きいことが分かります。本当は皆、相談したいのです。

　ここ数年、非対面で購入できるチャネルが増え、また手数料の廉価競争も激しくなってきました。昔は対面でしか買えなかったものが、手段を選べるようになったことにより、多くの人々にとって利用しやすい環境が整いつつあります。そのような中、「対面の金融機関で買うなんて手数料も高いし、とんでもない」という声が聞こえてきますが、それは一部の人であることも分かります。手数料の低さや便利さを重視する人は、それはそれで良いのです。

　筆者は多くのお客さまを担当した経験から、非対面の金融商品販売について懸念していることがあります。それは、少し上昇するとすぐに解約したくなってしまうことです。インターネットでいつでも残高を確認できることはいいことですが、投資を始めた頃は特に気になって残高を毎日チェックしたりするでしょう。月々3万円の積立投資を開始して、3ヵ月経過したところで9万円の元本に1万円の利益がついて、10万円になっただけで、解約して利益を確定したくなる人もいるようです。毎日ネットで相場を眺め、SNSから情報を拾い、気が気でない様子が窺えます。これでは長期投資が成功するはずがないのです。10万円の10％は1万円ですが、将来投資残高が増えて1,000万円になれば、その10％は100万円です。100万円の含み益または含み損に耐えて投資を継続するには、アドバイザーの親身なフォローがたいへん重要になってきます。

　お客さまの人生によりそうことは、何十年という長期間になります。iDeCo（個人型確定拠出年金）などは就職直後に始めると、退職まで約40年間もあります。そのような長期間のフォローが出来るアドバイザーは誰

なのか。その役割は長年その地で地元のお客さまとの信頼関係を築いてきた金融機関の職員が適任です。

　相談したいという人々は、安さや便利さだけではない"何か"を金融機関職員が提供することを期待している賢明な人とも言えるのです。それは、投資についての正しい説明であったり、いざという時に相談できるという安心感だったり様々ですが、対面でこそ提供できる価値があるということは強調しておきたいと思います。

2 お金は経済の血液

　お客さまと金融機関は一蓮托生だとか共栄共存だとか、このような類の言葉は普段から聞き馴染みがある方が多いと思います。その関係を言葉ではなく、別の角度から見てみましょう。

　図表1-9は、法人、個人そして金融機関の貸借対照表を並べたものです。この貸借対照表で確認してみると、お客さま（法人ないし個人）と金

図表1-9　法人、個人、金融機関の貸借対照表

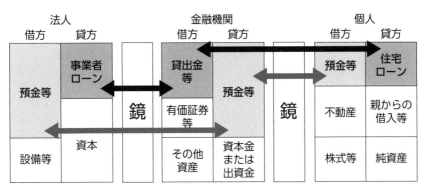

出所：株式会社フィデューシャリー・パートナーズ

融機関、両者の関係が鏡であることが分かります。お客さまの貸借対照表の貸方には借入金があり、借方には預貯金があります。それに対して、金融機関の貸借対照表は鏡に映したように逆になるのです。貸方にお客さまの預金があり、借方に貸出金があります。

「お金は経済の血液です」「金融機関は心臓（ポンプ）の役割です」と表されるように、預金・融資業務を扱う金融機関を通じて、お客さまのお金はまるで血液が流れるように循環しているのです。お客さまの預金は融資へと回り、融資した資金が事業や消費などの経済活動に使われます。そしてお客さまが受取る報酬や給料がまた預金になります。このような循環を下支えする営みを、金融機関は創設以来繰返してきました。お金が絶え間なく循環し、お客さまが儲かれば金融機関も儲かる、そういう構造の中でお客さまと共に社会を築き上げてきた歴史があることから、金融機関の根底にはお客さまとの強い信頼関係があります。

では投資はどうでしょうか。

投資もまた、企業にとって事業を営むための資金になります。預金者のお金が金融機関を通して資金を必要とする先に貸出されるのが融資（間接金融）で、資金を持つ投資家自らがそれを必要とする先に直接お金を出すのが投資（直接金融）です。投資されたお金は、融資とは違う形で企業活動を通じて、経済の維持・発展に寄与することになるのです。

お客さまが預貯金を投資信託に振り向けるということは、金融機関の預貯金口座からは資金が流出してしまうのですが、日本株ファンドであれば日本の企業を通じて主に日本経済を循環し、外国株ファンドであれば海外の企業を通じて世界経済を循環するということになります。そして経済が成長し、その恩恵をお客さまが享受できた暁には、お客さまが潤い、地元経済が潤い、金融機関も潤うという循環になるとは思いませんか。

これまでも、そしてこれからも、お客さまの資金をどのように循環させ

るかは金融機関の働きにかかっています。

3 │ 国民の資産形成のための制度の普及

　前述したように、国は国民の資産形成を重要な課題ととらえ、それを促進するために NISA や iDeCo といった税制優遇制度を設けています。しかし、これらの制度は複雑で分かりにくく、利用のためのハードルは必ずしも低いとは言えないのが実情です。お金に余裕のある人は専業のアドバイザーに相談することで活用することができるかもしれません。

　しかし、資産形成は大多数の国民にとって重要な課題であり、そのための制度は国民が等しく利用できるものであるべきなのです。制度の意義や目的に照らして、現在の状況には大いに問題があると言わざるを得ません。

　また、資産形成に関心を持つ人が健全に長期投資を始めることを阻害する要因も少なくありません。無料で情報を取得しようとする人が SNS等で投資に関する質の低い情報を拾ったり、NISA 解説を謳った無料セミナーで無関係の保険や不動産を案内するといった事例も散見されます。

　多くの国民が老後の生活資金について不安を覚えています。いま求められていることは、資産形成のために投資という選択肢があることを示し、そのために有効な制度の活用を案内すること、それも大勢の人が容易にアクセスできるような形で実行することです。筆者はここに、私たち金融機関の果たすべき役割があると考えています。親身になって国民の健全な資産形成をサポートできるのは、長い年月で培った信頼関係がある金融機関の職員であるあなたなのです。

第2章

顧客本位であること

前章では、資産形成において金融機関の果たすべき役割が大きいことを確認しました。しかしながら、これまで金融機関はその役割を十分に果たしているとは言えません。それは、顧客本位での営業活動が行われていなかったことが原因です。本章では、顧客本位とは何か、そして資産形成・投資の提案営業を行う上で顧客本位がいかに重要であるのかについて解説します。

第1節　金融行政の変遷と投資商品販売を取り巻く環境

1　金融庁の問題意識

　前章でも取り上げましたが、日本の家計金融資産は英米に比して預貯金の割合が多く、家計金融資産の伸びが低いというデータがあります（図表1－1参照）。国民の健全な資産形成を考える上では、見過ごすことのできない状況です。その原因と改善を考える金融庁は、金融機関が金融商品・サービスの提供にあたって顧客の利益とならないような営業活動を行っているのではないか、という問題意識を持ちました。それが明確に打ち出されたのが、『平成26事務年度 金融モニタリング基本方針』（2014年9月）です。

　金融庁は同方針において、取り組むべき重点施策を掲げて次のように述べています。（一部抜粋）

1. 顧客ニーズに応える経営
　（前略）一般に金融商品・サービスの提供に当たっては、供給者（金

融機関）と需要者（顧客）との間に情報量の格差があること等から、短期的な収益の確保・拡大のため、顧客の利益にそぐわない営業が行われうる。

　金融庁としては、各金融機関が、真に顧客のニーズに応え、顧客の利益になる経営を行っているかとの観点から検証を行っていく。（以下略）

3. 資産運用の高度化

　（前略）商品開発、販売、運用、資産管理それぞれに携わる金融機関がその役割・責任（フィデューシャリー・デューティー）を実際に果たすことが求められる。（以下略）

これが現在も改革が続く顧客本位の業務運営のスタート地点です（ここで、金融庁はフィデューシャリー・デューティーという言葉を初めて使いました）。

さらに同方針では、金融機関が顧客に適した商品やサービスを提供しているのかを検証する項目として以下の3点を挙げています。

　ア．顧客の知識・経験・財産の状況等に応じて、適切な商品説明や販売後のフォローアップを行っているか。

　イ．販売商品の選定に当たり、販売手数料や系列関係等にとらわれることなく、顧客のニーズや利益に真に適う商品が提供される態勢を構築しているか。

　ウ．顧客の利益を重視した営業の推進に向けた経営目標の設定や業績評価の手法について検討・実施しているか。

以上の検証結果を踏まえ、翌年策定された『平成27事務年度 金融行政方針』ではフィデューシャリー・デューティーの徹底を図ることが強調され、『平成28事務年度 金融行政方針』では顧客本位の業務運営を行うべ

きとの原則（フィデューシャリー・デューティー）の確立・定着が示されました。

② 求められているのはお客さまに向き合うこと

2014年に初めてフィデューシャリー・デューティーという言葉が使われてから今日に至るまで、金融庁は段階的に様々なメッセージを発信してきました。

2017年3月には「顧客本位の業務運営に関する原則」が策定され、各金融機関には本原則を採択したうえで、顧客本位での商品・サービス提供の実践をしていく取組方針を策定・公表することが求められました。同時に、その取組みを客観的に評価できるようにするための「見える化」の一環として、成果指標（KPI）の公表の働きかけも行われています。さらに2018年6月には、顧客が金融機関を選ぶ際に比較検討できる材料として「共通KPI」が示され、投資信託の販売会社はその指標を公表することが期待されました。

また、2020年8月には『「市場ワーキング・グループ」報告書』において、顧客が金融商品を選ぶのに役立つ「重要情報シート」の活用が提言されました。翌2021年には、「顧客本位の業務運営に関する原則」が改訂されて具体的内容が充実され、2022年には「金融商品取引業者等向けの総合的な監督指針」等も一部改正されました。

このように、金融庁から次々と発表される新しい方針に対し、各金融機関は対応を迫られてきました。毎度の対応に苦心・困惑しているというのが本音…という金融機関もあるかもしれません。

しかし、実のところ金融庁の方針の大枠は、フィデューシャリー・デューティーについて語られ始めた2014年当時と何も変わっていないのです。

一貫して発しているメッセージは「各金融機関は自律的な取組み（プリンシプルベース）で顧客の最善の利益（ベストプラクティス）の追求をしましょう」ということであると解釈できます。したがって、公表を求められた取組方針やKPIなども「各金融機関はその取組みを金融庁に対してではなく、お客さまに対して見える化せよ」と促しているに過ぎません。

　この理解と実行ができている金融機関にとっては、自金融機関の取組みを積極的にアピールする機会を得たに過ぎず、逆に金融機関本位で活動している金融機関はルールが厳しくなっていると捉えているようです。これまで、とりあえずフィデューシャリー・デューティー宣言をし、とりあえず販売目標を撤廃し、とりあえずタブレット端末を利用した状況説明の件数をカウントして顧客本位の成果指標とする、などの場当たり的な取組みを重ねてきた金融機関においては本来の意味での顧客本位の理解が進んでいないものと思われます。

③　プリンシプルベースとベストプラクティス

　ここで、金融庁が顧客本位について語る際に、度々登場するキーワードについて考えておきましょう。すなわち、「プリンシプルベース」と「ベストプラクティス」です。

　金融機関では法令遵守が常に最重要課題として意識されています。それをベースに、日常のあらゆる業務が厳格にルール化され、常にルールに照らし合わせながら業務をこなしていくことが求められています。通常、金融機関職員はそのことに抵抗がありませんし、むしろルール通りに業務を行わないと不安になります。このような行動様式が身に付いている金融機関職員にとって、「ルールどおりでなくていいよ。自分で考えてやっていいよ」と言われたところで、「はい分かりました」とすぐさま主体性を発

揮することは容易ではありません。しかし、顧客本位の業務運営では、「顧客の最善の利益を自ら考えて行う」ことが求められています。ただし、勘違いしてはいけないことは、法令遵守の考えや取組みには何ら変化はないということです。法令遵守の考えをベースに、顧客本位の業務運営を乗せていくものとイメージしてください。

　ここでは、思考の切替えが求められているのです。金融検査マニュアル公表以降に強烈に刷り込まれてきた「ルールが全て」という思考から、ルールは守られるべき最低限の基準（ミニマムスタンダード）であり、それをクリアした上で、何が顧客のためになるかを各自が考えて実践していくというあり方への転換です。顧客の最善の利益の追求は、ルールに従うのではなく原則を踏まえて（プリンシプルベースアプローチ）、創意工夫して良き実践（ベストプラクティス）を行うことが必要ということです。これは各金融機関の自主的な取組みを推進し、経営の自由度を確保するものです。

　顧客本位の活動をルールで縛ってしまうとお客さまのための活動になり得ない場合が多々発生し、本末転倒になりかねません。

　顧客本位の営業活動にプリンシプルベースが求められていることの意味を、先輩と後輩の会話例から具体的に考察してみましょう。

【会話例：先輩×後輩】

後　輩「本日面談したお客さまが投資信託の乗換取引を希望されたのですが、顧客本位の取組みとは違いますよね。一旦様子見ましょうと伝えて面談を終了してしまいました。本当はどうしたらよかったのでしょうか」

先　輩「そもそも顧客本位の業務運営とは乗換販売がダメということではないのよ。たとえば期末に数字が足りないときなどに大口のお客さ

まの投信を乗換えすれば収益が達成できるというときに、金融機関都合で案内するのは顧客本位でないわね。でも、相場が変動したときなどはお客さまのご要望によりリバランスや分散投資の一環として乗換えを希望する場合は当然あるわね。目の前のお客さまの投資目的、ご年齢や資産背景等々でお客さまの最善の利益を考えたとき、個々人によって違いがあるわね。まずはお客さま自身のことをしっかり教えていただき、その方にとって何が最善なのかを一緒に考えていくのが顧客本位の考え方なのよ。だから一律にコレはダメ、これは良いというものはないのよね」

後　輩「お客さまごとの最善の利益を考えれば、色々な手続きは可能なのですね。その場合、共通 KPI や自主 KPI の数字に寄与しない取引がお客さまにとって最善と判断したらどうするのですか？」

先　輩「当然お客さまの最善の利益を追求すること優先するわ。だから、KPI 等の数値にはプラスの寄与をしない手続きになるわね。期末の数字が欲しいときに金融機関都合で乗換を手続きするのと、KPI の数値が悪くなるから乗換手続きしないのは、両方同じように顧客本位ではないわ。金融機関本位になるわね」

後　輩「当社の自主 KPI の項目に沿うように活動しようと思うと、それってルールベースじゃないですか？顧客本位が分からなくなります」

先　輩「そうね、運営の方法次第ではルールベースになってしまう面もあるし、KPI の数値を良くしたいという気持ちで活動することは、顧客本位ではなく、当社本位の活動になるわよね。KPI の数値はあくまでも顧客本位の取組みをお客さまに対して見える化することが目的だから、そこにとらわれ過ぎてはいけないわね。それにしても自主 KPI の項目もプリンシプルベースをどこまで理解して設定しているか、金融機関ごとのセンスが出るのよね」

後　輩「まずは、このお客さまが乗換取引を行う場合には上司に承認をも
　　　らえるようにお客さまの要望や背景などを完璧にヒアリングしなお
　　　してきます」

　上記の会話にあるように、乗換販売をしなければ顧客本位が成立すると
いうわけでは決してありません。またKPI等の指標は、顧客本位の取組
みが行われているという結果を示すためのものであって、その数値を良く
することに照準を当てて仕事をするものではありません。担当者がお客さ
まとつぶさにコミュニケーションを取り、お客さまのためになることを目
的として仕事をすれば、自然と多様な取引が起こります。
　以上は担当者単位での顧客本位ですが、金融機関が組織として顧客本位
を考える場合にも同じようなことが言えます。「販売目標の廃止」など他
金融機関実施している取組みをそのまま真似る、などという施策を取るこ
とは避けなければなりません。そのようなことをしても、顧客本位の観点
から実効性のあるものにはならないでしょう。行うべきは自金融機関の抱
えている課題を調査し、その解決手段としてどのような取組みをすべきか
を検討・決定することです。そして、いかに顧客のために資するかを組織
内でメッセージを発して、職員全体に浸透させていくのです。
　このような多様でありうる実践こそが顧客本位の本質的なあり方なので
あり、それはプリンシプルベースで実現されるものなのです。

④ 投信窓販解禁以降、金融機関のお客さまを見る目が変わった

　お客さまのために商品・サービスを提供できるよう創意工夫を発揮す
る、というのはどのような事業においても実践されている基本的な営みで
す。しかし、多くの金融機関がその実践に困難を抱えているのはなぜなの

でしょうか。少し歴史を遡って振り返ってみましょう。

　投信窓販が解禁された 1998 年前後、金融界は激動の時代でした。バブル崩壊以降、徐々に金融機関の破綻が増えはじめ、1997 年には山一證券が自主廃業を発表し、翌 1998 年には日本長期信用銀行や日本債券信用銀行が破綻しました。そのような不穏なニュースが続く中、1998 年に銀行等の投信窓販がスタートしたのです。

　さらに翌年の 1999 年には「金融検査マニュアル」が公表されました。不良債権の増大による相次ぐ破綻等を受けて、金融機関の財務健全性を高め、金融システムの安定を図る施策として導入されました。債権のリスクを評価するため、借入れのあるお客さまを一律の基準で債務者区分に分類するものです。評価の低い債務者区分に該当する貸出先への融資は損失を見積もらなければなりません。こうして、チェックリストによる厳しい検査を課された金融機関は、金融庁（当時は金融監督庁）の求める「健全性」を確保することに躍起になりました。

　金融検査マニュアルの登場によって、お客さまに対して現場の担当者が自ら考えて主体的に接することよりも、ルールに従い接するということが重要視される時代に入ります。投資商品販売が積極的に行われるようになったのは、まさにこのような状況においてだったのです。ルール遵守と自金融機関の財務健全性に意識が向かうことで、投資商品販売が単に新たな収益源としてみなされてしまったことが、今日の顧客本位の業務運営に影を落としていると言えるでしょう。

5　投資商品を販売する態勢が不十分

　本来ならば、投資商品の販売はお客さまのお役に立つサービスの一つと捉えるべきものです。投信販売解禁直後は、販売の方法を証券会社等に教

わる金融機関も多かったと聞きます。預貯金を扱う金融機関はお客さまとの関係性が独特であることから、基礎的な投資の知識については他社に教えを請うたとしても、顧客本位で販売するための考え方や方針などは自金融機関で思考し、それを職員に浸透させなければならなかったはずです。

　また、実施された研修は「商品を覚えて売る」というものが中心であり、「株式とは何か」「債券とは」「リートとは」といった投資というものの根本まで掘り下げて学ぶという機会を設けていた金融機関は少ないと思います。根本を学んでいないために、職員が覚えられる商品数には限りがあります。その結果として、記憶した売れ筋商品数本を決め打ちで繰返し販売するという実態に繋がっています。

　また、運用会社の実施する商品研修では、たとえば新興国の株式ファンドであれば「新興国のすごさ」を学び、AI関連商品であれば「AIのすごさ」を学びます。それはそれで重要で必要な内容ですが、肝心の当該商品の具体的な内容を学ぶこととは一致しないことも多かったように思います。

　このように担当者が投資についての根本を理解していなければ、お客さまに対して投資行為について十分な理解に至らしめるための説明ができるはずもありません。そのため、お客さまは「投資信託」というプロが運用してくれる難しい商品を保有している、という程度の認識しかありません。それが株式なのか、債券なのか、どこの国への投資なのか、通貨は何なのかなどの理解が乏しく、価格が下落した際には慌てふためいて解約してしまうといった事態に陥ってしまうのです。

　投資の基礎を学ばずに商品の説明や販売方法ばかりを学ぶことは、単なる「販売上手」が出来上がることになり、顧客本位の観点から危ういものだと言わざるを得ません。実際に現場へ出て売れるというのは、社内で高く評価されるという成功体験となります。たとえその販売活動が顧客の利益に資するものでなくとも、やり甲斐を感じたり、承認欲求が満たされた

りしてしまうものです。そして、新入職員はそのような先輩に教わり、その行動を真似ることから営業がスタートし、負の連鎖が起こります。

　このような状況で投信販売が行われてきた以上、単に顧客本位を叫ぶだけでは、それが実現されることはないと考えるべきでしょう。

6　変革を迫られている金融機関

　長年金融機関を縛ってきた金融検査マニュアルは、2019年12月を以って廃止されました。前述したように、金融庁はそれ以前から、金融機関の自律的な取組みにより顧客本位の業務運営を実践するように奨励しているのです。

　筆者は、金融庁の発表にフィデューシャリー・デューティーの概念が登場した当時「金融界に大きな変革が起こる」と大きく期待をしました。しかし、2023年の現在に至るまでその変革は起こっていません。

　たとえば一部の投資信託の手数料が下がったことは国民の資産形成に資する動きではありますが、金融庁がNISA対象商品をガイドしたことが影響しているに過ぎません。単にNISAシェア争いの結果でしかなく、各金融機関が顧客本位で創意工夫をこらした結果と言えるものではないのです。しかも業界の平均水準を大きく下回る信託報酬の商品を運用している会社は、一方で業界の平均を超えた高手数料の商品も相変わらず販売しており、「高い手数料を払っているお客さまが、安い手数料の商品の管理費用等まで負担しているのでないか」と疑わざるを得ない状況です。そこでは、「お客さまが支払う手数料は何に対するものかを明示すべき」という顧客本位の業務運営に関わる原則からは外れている運営が平然と行われています。このように、金融機関本位での業務運営に変化があるわけではないのです。

そしてとうとう、顧客本位の業務運営は法制化への道を進むことになりました。2023年の第211回国会において「金融商品取引法等の一部を改正する法律案」が提出されたのです。ただし、審議が見送られ、次回国会での審議が見込まれています。

第2節　フィデューシャリー・デューティーとは何か

① 信認される者の義務

　2023年6月時点でインターネット検索をしたところ、フィデューシャリー・デューティーは「受託者責任」と訳されることが多いようです。一方、『平成26事務年度 金融モニタリング基本方針』（2014年）において金融庁が初めてフィデューシャリー・デューティーに言及した際、その意味を注釈で「他者の信認を得て、一定の任務を遂行すべき者が負っている幅広い様々な役割・責任の総称」と記しています。この言い回しからは、金融庁がフィデューシャリー・デューティーを、一部の金融業務や事業者に限定せず金融界全体に広く適用する意図を持っていることがうかがえます。

　筆者はフィデューシャリー・デューティーを日本語で表現する際は「信認される者の義務」と表記しています。これは、日本で初めてフィデューシャリー・デューティーについて書かれた書籍である樋口範雄『フィデューシャリー［信認］の時代－信託と契約』（有斐閣、1999年）を参考にしたものです。

　このように定まった訳語がなく日本語で言い表しにくい概念ですが、特定の立場にある者に課せられた何らかの義務や責任のようなものであり、固定的で限定されたものというよりは広がりを持つものであることが推察されると思います。

②　フィデューシャリー・デューティーの起源

　フィデューシャリー・デューティーとは何であるのかを理解するために、まずその歴史を遡るところから始めましょう。

　フィデューシャリー・デューティーは、中世イギリスにおいて財産を信託する（信じて託す）制度から生まれました。土地や金融資産などを信託された人は、依頼人の最善の利益を考えてその財産の管理、処分、運用等を実行します。依頼人自身に変わり、その想いを実現してくれる存在が信託される人（以下受託者）です。

　なぜこのような制度が考えられたのでしょうか。例として、ブドウ畑を所有している人物について考えてみましょう。彼はブドウ畑を管理・運用して収益を得ていますが、戦場に赴く必要が発生しました。戦場に行っている間は当然畑の管理ができませんし、戦死してしまう可能性もあります。自分の死後に相続すべき子がまだ若くて、とても管理できないとなれば心配は尽きません。このような場合に彼は信頼できる友人に財産の管理を託します。「孫の代までこのブドウ畑の土地を活用して収益を生み出せるようにしてほしい」などと信託契約を結ぶのです。こうすることで、委託者である彼が不在の間もまたその死後も、子や孫のために財産を活用するという意向が実現されることになります。

　しかし、別の懸念も生じます。信じて託した友人が裏切り、財産を自分のものにしてしまう可能性はないのでしょうか。そのような事態が起こらないように生み出されたのが、フィデューシャリー・デューティーなのです。数多くの判例の積み重ねによって、受託者は良心に基づいて何よりも受益者（この場合は依頼者の子や孫）の利益を優先しなければならない重い責任があるという考えが確立していきました。

③ 受益者の利益のために行動する

　受託者は、常に受益者の利益のために行動しなければならず、正当な報酬以外の利益を得てはいけません。再び先ほどの例で考えてみましょう。ブドウ畑の管理を依頼された友人は、運用の一環としてその土地を貸出すのが適切だと考えたとしましょう。そのとき、彼は自分の親戚縁者に便宜を図って貸出先として優先的に取扱ったり、貸出した見返りとして謝礼を受取るなどということがあってはいけません。考えるべきはあくまで受益者の利益であり、自らの利益を優先してはいけないのです。受託した者には高い倫理性が求められているわけですが、それは受益者と受託者が対等ではなく一方的な依存関係にあるからなのです。

　フィデューシャリー・デューティーのこの考え方は信託に限らず、情報の非対称性がある職業にも当てはまります。医師や弁護士など高度な専門性が求められる職業では、サービスを提供する相手との間に明確な依存関係が発生します。圧倒的な知識・情報の差があるために、患者は医師を、依頼人は弁護士を全面的に信頼するしかありません（むしろそのような専門性の高さゆえに依頼をしているわけです）。それゆえに、医師や弁護士は相手の利益を優先して行動しなければならないのです。

　そして、お客さまの資産を預かり、投資商品を案内する私たちも、まさにフィデューシャリー・デューティーを課せられています。お客さまの最善の利益を追求するというのは、このような意味においてなのです。

④ 私たちは何をすべきか

　フィデューシャリー・デューティーを負っている私たちは、何に注意を

払い、どのように仕事をすべきなのでしょうか。それを簡潔に言い表すと、利益相反を排除すること、その上でお客さまの最善の利益を追求するということに尽きます。お客さまの最善の利益の追求については、具体的な方法を第3章で詳しく解説します。ここでは、利益相反の排除について考えましょう。

利益相反とは、ある職務を行う者がその職務上追求すべき利益と、その者が別の立場や個人として有する利益とが競合している状態のことをいいます。投資商品を販売する金融機関の場合でいえば、グループ会社が提供している商品が客観的に見て他社の商品より劣っているにも関わらず、販売ラインナップの中核に据えている場合などは利益相反に当たる可能性があると言えます。金融機関はお客さまの利益を最優先に提案を行わなければなりませんが、当該商品を販売することでグループ全体として利益が増すわけですから、そのような商品を優先した販売活動に偏る可能性があるわけです。フィデューシャリー・デューティーを負う者としては、追求すべきお客さまの利益と衝突してしまうような自己の利益を抱えてはいないかを意識し、そのような状況を排除するように努めなければなりません。

お客さまのための活動をするうえで、利益相反は重要な問題なのですが、これについて考える機会は少ないのではないかと思います。そもそも利益相反という用語を使うこと自体が稀かもしれません。研修や所属部署内の勉強会などで利益相反を取り上げることも少ないと思います。研修があったとしても、職員一人ひとりにどのような考えや行動が求められているのかというところまで具体的に落とし込んでいく内容ではない場合が多いのではないでしょうか。「お客さまにとって何が最善か」について話し合ったり、一人ひとりがどう行動するかを宣言したりするだけでなく、そこからもう一歩踏み込んで利益相反を絡めた議論をしてほしいと思います。たとえば、自らの利益と相反するパターンを複数列挙し、それぞれの

ケースでどのような行動を取るべきかを検討してみるなど、具体的な状況を想定しながら考えることが必要です。

お客さまと接する担当者においては、利益相反は排除すべきものとして理解していいでしょう。ただ、投資商品の販売を行う金融機関にとっては、販売することによって何がしかの収益を上げている以上、利益相反はそれほど単純な問題ではありません。もし、お客さまから「利益相反がないことを証明せよ」との申し出があった場合、経営側の管理下で業務をする担当者がそれに十全に回答することは不可能でしょう。その説明責任は経営者にあります。経営者は利益相反の適切な管理をすることが求められています。

5 フィデューシャリー・デューティーと混同されやすいもの

フィデューシャリー・デューティーは法令遵守（コンプライアンス）と混同されやすいものです。その中でも特に、善管注意義務や忠実義務、適合性の原則などが、フィデューシャリー・デューティーと関連するところもあり分かりにくいかもしれません。フィデューシャリー・デューティーは、そのうちのどれかでもありませんし、それらを組み合わせたものを指す言葉でもありません。

コンプライアンスがルールに従って行動すること意味するのに対して、フィデューシャリー・デューティーはより積極的にお客さまの利益を追求する行動を求めている概念です。もちろんその中には、（顧客の利益を損なわないために）ルールを遵守することも含まれるわけですが、ただ定められたルールを守るだけではフィデューシャリー・デューティーを果たすことにはならないということを理解してください。

6 顧客本位と顧客満足の違い

　フィデューシャリー・デューティーを考えるにあたって、コンプライアンスとともに混同されやすいものとして「顧客満足」があります。殊にフィデューシャリー・デューティーに則った活動を指して「顧客本位の業務運営」と呼び習わしていることもあり、顧客本位を顧客満足と同等のものとして誤って理解しているケースは少なくないように思います。

　ここでは具体的にフィデューシャリー・デューティーと顧客満足の違いについて押さえつつ、顧客本位の活動について考えていきましょう。

＊顧客本位　フィデューシャリー・デューティーの概念が基

＊顧客満足　カスタマー・サティスファクション（Customer Satisfaction）の
　　　　　　日本語訳

　この2つの違いを端的に言い表すならば、お客さまにとって耳の痛い話もするのが顧客本位であり、しないのが顧客満足の活動です。

　衣料品販売を例にとると、お客さまに似合わないデザインの服であっても「お似合いですよ」と気分良く買い物させるのが顧客満足です。一方で顧客本位とは、お客さまに本当に似合うものを提案することです。あなたが親友や家族の買い物に同行した際には、「違う色がいいよ」とか「ワンサイズ大きい方が良いのでは」などと相手のためを思ったアドバイスをしているはずです。そのような対応こそ、顧客本位の本質です。

　金融機関における顧客満足のための活動を列挙してみます。給茶機の設置や、ボールペンのインクや朱肉の補充などのご来店されるお客さまへのいわゆるおもてなしに該当するような活動がそれに当たります。また、コミュニケーションの観点では、丁寧な接客や電話応対、各種イベントの企画や参加、誕生日や記念日に電話やレターを差し上げること、粗品のプレ

ゼント等々が挙げられます。「お客さまのご要望にはできる限り従う」という姿勢も顧客満足を志向したものと言えるでしょう。総じて、金融業務やお客さま個人のことを熟知していなくてもできる活動であることが多いです。

　一方、顧客本位での活動は、販売商品についてはもちろんのこと投資に関する知識を備えたうえで、お客さまの利益に適うことを第一に考えます。ですから、お客さまが投資による利益を期待して前のめりになっている場合には、損失が発生するリスクを強調してお伝えすることが必要ですし、時には販売をお断りすることもあり得ます。顧客満足が快適に過ごし、喜ばれることを指すのに対し、顧客本位は真にお客さま個人のためになることを考えるという違いが分かるでしょう。

　顧客満足も事業を営んでいく上では大切な視点ですが、顧客本位と比較するためにあえて悪く言うならば、顧客満足を追求することは「お客さまのいいなり」であるという側面があります。私たちが取扱っている商品やサービスは専門性の高い分野ですから、金融の素人であるお客さまのご要望にただ従っているようでは、金融のプロフェッショナルとは言えません。私たちが追求すべきはお客さまの最善の利益であり、それはときに満足感とは一致しないこともあるのだということを肝に銘じておきましょう。

７　金融庁はなぜ顧客本位の業務運営と言い換えているのか

　前項では、「顧客本位」という言葉をフィデューシャリー・デューティーとほぼ同義のものとして語ってきました。これは、金融庁がフィデューシャリー・デューティーに言及した3年後の2017年3月に公表した『顧客本位の業務運営に関する原則』（以下、本原則）を踏まえたものです。本原則は以下の7つの原則から構成されています。

①顧客本位の業務運営に関する方針の策定・公表等

②顧客の最善の利益の追求

③利益相反の適切な管理

④手数料等の明確化

⑤重要な情報の分かりやすい提供

⑥顧客にふさわしいサービスの提供

⑦従業員に対する適切な動機づけの枠組み等

　各金融機関は顧客本位の取組みを推進するにあたって、本原則について検討・咀嚼した上でこれを採択し、本原則に則した取組方針を公表することが求められました。本原則が公表される以前から、金融庁がフィデューシャリー・デューティーに言及したことを受けて、すでに「フィデューシャリー宣言」を策定・公表している金融機関もありました。しかし、フィデューシャリー・デューティーというものは抽象度が高いために、宣言は掲げたものの具体的には何をするのかが分かりにくく、実際にお客さまのための活動に資しているのかという問題があったと思われます。『顧客本位の業務運営に関する原則』を公表したことにより、その抽象度の高かったフィデューシャリー・デューティーという概念が、より具体化されたのです。

　本原則を採択する各金融機関は、本原則を自らの営業の実態や抱えている問題点等と照らし合わせて、利益相反の適切な管理とお客さまの最善の利益の追求する活動に関する実効性のある方針を定めるのです。

　このようにして策定した取組方針をもとに、担当者はお客さまの最善の利益を追求した営業活動を実践していくことが期待されています。そして、本原則でも述べられているとおり、顧客本位の営業活動はプリンシプルベースであることを忘れてはなりません。ルールを守り、定められたタスクをただこなすのではなく、お客さまのためになることを考えて実践し続けていくことが私たちの仕事なのです。

第3節　収益から見たフィデューシャリー・デューティー

　金融庁がフィデューシャリー・デューティーに言及して8年以上が経過し、金融業界でお客さまのための営業活動が叫ばれて久しいにもかかわらず、未だにその本質を理解していない問いを投げかけられることがあります。それは、「フィデューシャリー・デューティーは儲からない」とか「顧客本位が大事なのは分かるが、収益を上げることも大切だ」といったものです。これらは、フィデューシャリー・デューティーは単なる綺麗事の制約であって利益を生み出す営業活動の足枷になるものである、という誤解に基づいた見解です。そのような錯誤を解くために、この節では収益の観点からフィデューシャリー・デューティーについて考えます。それがいかに価値を創出し、結果として利益を生み出し続けるのか、そして金融機関にとってはここにこそ果たすべき役割がある、ということが見えてくるものと思います。

1　ニーズはどこにあるか

　金融機関では、お金にまつわる様々な商品・サービスを提供しています。一般生活者のお客さま向けに限っても、預金・決済・融資という最も基本的な機能から、本書で取り上げている投資商品を活用した資産形成の案内、各種保険の案内、さらには贈与・相続に至るまで多岐にわたっています。そして重要なことは、ほとんどの人が利用する預金という社会インフラを担っているために、金融機関は社会を構成するほぼ全ての人がお客さまとなり得ます。実際、その地域に居住している、年齢も性別も職業も

異なる様々な人々と日々接しているでしょう。

　お客さまにはそれぞれに人生があり、今この瞬間にも様々なライフイベントを経験されているはずです。そして、各々のライフイベントにおいて、お金に関係する課題が発生することはよくあるものです。結婚、出産、進学、就職、起業、相続…すこし考えただけでも思い浮かぶこれらの出来事に対して、私たちがお手伝いできそうなことがないか想像してみてください。お客さまのためにできることは無数にあるはずなのです。ましてや、長びく低金利時代、日本人の大多数が老後資金を心配しているのですから、金融サービスに対する大きなニーズがあるのは明白なのです。私たちは、このニーズに応えていく必要があります。

　では、そのようなニーズを汲み取り、適切なタイミングでサービスを提供するためには何が必要でしょうか。それこそ、フィデューシャリー・デューティーを完徹して育まれるお客さまとの信頼関係です。人は本当に自分のことを考えてくれる相手に対して心を開きます。お客さまのための活動を続けていくと、お客さまはご自身の情報を開示してくださいます。家族構成と関係性、背景資産、仕事の状況、ときには病歴や趣味まで……このような情報を収集して大切に管理していると、お役に立てる機会が訪れるのです。常日頃から自金融機関のサービスを告知しておくと、ときにはお客さまの方からお声がけいただくこともあります。こうして地域のお客さまから次々に生じるニーズを掬い上げて、丁寧に対応していくことで自然と収益が上がっていくのです。しかも、その地域で人々が生活を営んでいく限り永続的に。

２　目先の収益を手放す

　このようにして収益を上げていくことは、フィデューシャリー・デュー

ティーを蔑ろにし、自金融機関本位の営業をしていくことでは決して達成
できません。売りたい商品を売って儲けることを優先して考える人に、お
客さまは自分のことを話したりはしないからです。よしんば詳細な個人情
報を取得できたとしても、常にお客さまの利益を考え続けるフィデュー
シャリー・デューティーの精神が根付いていなければ、適切なタイミング
で適切な提案をすることは適わないでしょう。

　フィデューシャリー・デューティーの完徹により自然と収益が上がると
述べましたが、もし現在短期的な利益を重視した営業活動を行って収益を
上げているのであれば、フィデューシャリー・デューティーに則った活動
にシフトすることによって、おそらく一時的に収益は低下します。お客さ
まの利益を追求する活動は、長期的かつ継続的な収益を見越すものですの
で、お客さまの利益を顧みない強引な営業の方が目先の数字上では勝ると
思われます。

　しかし、そのような目先の利益の追求をずっと続けていくことができる
と考えるべきではありません。お客さまに信頼されない事業者はやがて淘
汰されるでしょうし、心ある従業員ほど価値を提供できない仕事に疲弊し
て離職していくでしょう。近年では、コンダクト・リスクに対する認知も
高まっており、金融機関本位の収益の追求はむしろ巨大な損失を生むのだ
ということを直視しなければなりません。

　顧客本位の活動を始めれば、直近の数値として反映されていなくとも帳
簿には載らない価値の蓄積が始まります。それはお客さまとの信頼関係で
あり、それをもとに得られる情報です。金融機関は、その情報をもとにお
客さまの課題解決に取組むことによって付加価値を生み出し、持続的な収
益を得ることができるのです。

以上の説明により、「フィデューシャリー・デューティーでは収益が上がらない」などという発想が思い込みに過ぎないことが明確になったかと思います。

以下では、フィデューシャリー・デューティーに基づく営業活動が収益につながる具体例を紹介しておきます。ここで挙げるのは筆者の実体験に基づくものであり、何ら特別な知識や技能が必要のない実践によって、ただお客さまの利益を優先するという姿勢によって得られた結果です。

（1）他行へどうぞ

当社との取引年数の浅い60代女性のお客さま。残高は定期預金1,000万円。その定期預金が満期を迎え、1,000万円をそのまま投資信託に切り替えることが決まりました。ご提案には十分に時間をかけています。購入する商品も決まって手続きを進めていたところで、お客さまが仰いました。

「私のメインバンク（他行）だと同じ商品の手数料はいくらなのかしら。」

早速調べてみると、他行のほうが僅かに低いことが分かりました。しばし両者沈黙…最初に沈黙を破ったのは筆者です。「お気になさらずどうぞ」と声をかけ、即座に手続きを振込に切替えました。お客さまは私に対して大変申し訳ないと心苦しい表情をなさいましたが、私は笑顔でお答えしました。

「まったく構いません。銀行は投資会社ではありませんから、今後の人生のあらゆる面でお手伝いができます。またいつでも、何でもご相談ください。今回他行で購入する商品のフォローですが、他行で担当者がついていると思いますが、私も気づいたことがありましたら連絡しますね。」

「今度違う資金を必ず持ってきます。投信のフォローもお願いします！」

お客さまは涙目で握手され、お帰りになりました。

後日、そのお客さまは筆者との関係を切りたくないと別銀行から新規資金をお振込みくださり、定期預金契約となりました。その後、配偶者さま、息子さまもご紹介いただき、世帯残高が1億円近くまで積み上がり、投資残高も5,000万円を超えました。背景資産等もお聞きし、相続関連のご相談も承ることになりました。結果としてメインバンクは当社に変更となりました。

私は目先の1,000万円分の契約を手放した結果、大きな信頼を得ることができ、収益も確保して、息子さま世代への取引もお約束いただけることになりました。そのお客さまは担当が変わる時にこのようにおっしゃいました。

「これまで多くの銀行員が担当してくれました。しかし、森脇さんのような担当者は初めてでした。担当変更は受け入れられない。一生我が家とお付き合いしていただきたい。」

（2）インターネットバンキングでどうぞ

前任者からの引継ぎで担当した50歳代後半の女性のお客さま。新任のご挨拶の電話をしたところ、お母さまの介護と老猫の介護が重なって普段はなかなか時間が取れないとのこと。したがって、満期手続きや投信の契約もゆっくりお話している時間がありません。しかし、投信は保有しており、相場の変動も気にしている様子も伺えました。

何度かお電話で投信のフォローをしていたある日、「満期になる定期預金を投信にしたい気持ちはあるのだけど、時間が全然取れなくて…」と仰いました。私が「ネットや電話でも取引可能ですが、いかがいたしますか」とお聞きすると、お客さまは「え？そうなのですか？知りませんでした」

と驚いた声。電話やネットでもコンプライアンスの手順に従えば、購入の
サポートは可能ですので、都度電話でご案内をいたしました。当時の社内
の評価体系としては対面以外の販売は成績に計上されませんでしたが、そ
れは当社の都合であってお客さまには関係のないことです。お忙しいなが
らも投資を楽しんでいただいている様子に担当者としても嬉しく思いまし
た。

　そのお客さまが初めて時間を作って面談してくださったときには、お互
いに「やっと会えた」と嬉しかったのを覚えています。その後、猫の介護
も終了し、お母さまも見送られました。その頃には、当社には沢山のご資
金を預けていただくようになり、また運用も証券会社中心であったものを
当社に移していただけるようになりました。

　特段優秀な職員でもなかった未熟な時代の筆者でしたから、時が十分経
過した後に「当時からなぜ私をご指名していただけるのですか？」とお聞
きしましたところ、このように言っていただけました。

　「長年銀行と取引していましたけど、電話やインターネットで良いと言っ
てくれたのは森脇さんだけだったのですよ。あの頃は介護で本当に忙しく
て…でも面会しなければいけないと言われて、面会すると必ず何かを契約
させられてしまって。でも再度面談という時間も取れないし、よく分から
ないままに契約してしまっていたの。森脇さんはあっさり"電話やネット
でできます。ガイドします"と言ってくださったのよ。それがどれだけ嬉
しかったか。この人について行こうと思いました」

　顧客本位で創意工夫しながら接客した結果、お客さまに信頼いただいた
エピソードは尽きません。こうしてお付き合いしていくお客さまのお金に
まつわる問題は人生の終わりまで続きます。そしてその後も相続を経て続
いていきます。末永くお客さまに寄り添っていく先に、金融機関の価値の
創造があるのです。

第4節　付加価値を生み出すこと

　前節では、フィデューシャリー・デューティーの貫徹、すなわちお客さまの最善の利益を追求することが、結果的に自金融機関の利益となることをご説明しました。それは、金融機関がお客さまに対して付加価値を提供しているということに他なりません。本節では、いかにして付加価値を生み出すことができるのか、事例をもとに考えていきましょう。そのような日々の営みこそが、まさに顧客本位であるということがお分かりいただけるかと思います。

1　俯瞰することで付加価値を生み出す

　付加価値を生み出すために、具体的にどのようにすればよいのでしょうか。そのキーワードは「俯瞰する」です。以下の例をもとに考えてみます。
　あなたは急遽、街のイベントに駆り出されました。イベントの詳細が何もわからないまま会場に到着すると、「お米1升炊いておいてください」と慌ただしく依頼されました。この依頼に対してどのように応えますか。

　A：特に質問しないで早速準備し、炊き始める。
　B：何時からお米を使うのかを確認する。
　　　時間に余裕があれば十分にお米に吸水させてから、必要時間に合わせて炊き立てを準備します。時間がないのであれば、早炊きして一刻も早く提供することになります。
　C：献立を確認する。

たとえば、おでんや煮物がメニューにあれば、とぎ汁を大根や人参の下茹でに使います。また、ちらし寿司や手巻き寿司であれば、水は少なく硬めに炊く、などの変化をつけられます。

D：誰が食べるのか確認する。

　高齢者施設のイベントだと言われれば、多少柔らかく炊くなどの工夫ができます。

　依頼に沿ってタスクをこなすAは、ごく普通の対応です。一方で、B・C・Dをまとめて確認し、それに応じた工夫をして対応できれば、これは付加価値の提供となります。付加価値を生み出すのに欠かせないことは、自分が価値を提供しようとする相手のことをよく知ることです。そのために重要なことが、視野を広げて全体を確認すること、すなわち俯瞰するということです。相手は誰なのか、どのような状況にあるのか、自分の行動が相手にとってどのような意味を持つのか…ただ目の前の仕事をこなすだけではなく、その仕事がお客さまとどう関係しているのか、俯瞰して考えることでできることがあります。

2 　俯瞰して考えることは決して難しくない

　俯瞰することの例をもう一つ挙げてみましょう。旅人が3人のレンガ積みの職人に会うお話です。

　旅人が職人に「あなたは今、何をしているのですか」と問います。

　1人目の職人「見れば分かるだろう、レンガを積んでいるんだ」

　2人目の職人「壁を作っているのさ」

　3人目の職員「歴史に残る大聖堂を作っているんだ！」

　1人目の職人は、ただ作業をこなしており、それ以上の付加価値はなさ

そうです。２人目の職人は壁という自分が作っているものを知りながら作業しています。完成をイメージしながらの作業は丁寧さが増したり、何かしら間違いがあれば気付いたりができる可能性が高まります。３人目の職人はとてもモチベーションが高い様子です。自分が偉大な事業に携わっているという認識があれば、レンガの積み方も非常に丁寧でしょうし、余ったレンガで巡礼者が腰かけるベンチのようなものを作るかもしれません。積み間違いがあったら気付く可能性も高いでしょう。

　このようにして３人が全く同じ作業をしているにも関わらず、仕事ぶりには違いが出るはずです。雇用主や依頼人であったら３番目の職人を指名するでしょう。これが物事を俯瞰して捉えることで生まれる付加価値です。

　物事全体を俯瞰して仕事をすることは決して難しいことではありません。より身近な金融機関での仕事の例をご紹介します。筆者が新入職員だったときのエピソードです。

　支店配属された翌日のこと。早速椅子に座ったままの状態で手持ち無沙汰になりました。先輩は皆忙しそうで声をかけることもできません。そこで、前日に先輩から教わったように、複写の振込依頼書の最後のページに支店名のゴム印を押すという作業をしようと思い立ちました。前日には先輩が、依頼書、ゴム印、スタンプ台を全て手元に用意してくれて、筆者はそれをペタンペタンと押すだけでした。今日も同じ仕事をしようと、自分で振込依頼書を持ってきて、印鑑ボックスから支店名を選びだし、黒のスタンプ台を用意して押していきました。仕事の成果である振込依頼書を先輩に渡したところ、最後のページを確認して発せられた言葉は「やり直し…」でした。

　理由は、振込依頼書の一番下はお客さまにお渡しするものであるから、当店支店名と電話番号付きのゴム印でなければダメとのことでした。筆者が押したゴム印は「支店名のみ」のもの。初めて仰せつかった仕事の意味

を考えず作業したため、こんな簡単な仕事を間違えて倍の時間と労力がかかるという自分の無能さに衝撃を覚えました。このときから筆者は何かしら仕事を仰せつかるときにはその意味を問うことが多くなりました。「この仕事はどこから私の目の前に来て、そしてどこにいくのでしょうか」と。

1つ年上のOJTの先輩は質問魔の筆者に手を焼き、一回り年上のベテランの先輩が「とりあえず今は言われたとおりに作業をしてください。終業後に説明するから残って」と言ってくださり、毎日夕方その日の仕事の意味を教えてくれました。そして恐縮する筆者に先輩は「一度覚えた仕事は完璧だし、応用も効く子だから私もきちんと教えるね。大丈夫だから。上司も褒めていたからね」と励ましてくださいました。筆者の社会人人生は失敗から始まり、仕事全体を俯瞰して自分の役割を考えるということを学びました。それがこれまでの仕事の中に、お客さまのための活動の中に活きているのです。

付加価値を生み出すためには、必ずしも難しい知識や多くの経験が必要なわけではありません。俯瞰することで気付けることがあり、それが丁寧さや正確性となり、さらに様々な創意工夫を凝らすことにつながり、良い仕事ぶりに反映されます。

コラム　　給料はどこからくるの？

「給料がどこから来るのか分かるか」
初任給で購入したプレゼントを渡したときに、父は筆者にこう問いました。
筆者はたまたま金融機関に就職したのであって、金融というものを全く知りませんでした。それどころか働くことの意味すら理解していませんでした。そんな筆者にとって、これは難問です。自分が仕事を頑張っている

ことの対価と言いたいところですが、まだ研修が終わったばかりで何も頑張っていません。答えられず困っていると、父はヒントを出してきました。

　父　：「毎日支店に色々なお客さまが来るだろう、その人たちは何をしに
　　　　くるの」
　筆者：「振込とか…あ、手数料」
　父　：「振込手数料だけでは給料を払うほどたくさんの金額にはならない
　　　　よね。他に大事な仕事しているでしょ」
　筆者：「え？預金？」
　父　：「その預金はどこに行くの」
　筆者：「融資…あ、融資の利息」
　父　：「正解。支店全員の給料をざっと予想で計算してごらん。その他に
　　　　電気代やコピー代もかかる。支店の中には色々な機材もあるだろ
　　　　う、それが主に融資の利息で賄われているのだよ。預金係に配属さ
　　　　れたと言ったね、お客さまから預かるお金がないと融資ができない
　　　　から預金係はとても大切な仕事だね」

　翌日から、職場の景色が違うものに見えました。融資先のお客さまを見れば「このお客さまが利息を支払ってくださるのか」と思い、また預金者の方に対しても「預金をしてくださってありがたい」と感じるようになりました。昨日と同じ「いらっしゃいませ」「ありがとうございます」の言葉も、気持ちの上で全く違うものとして発せられるようになりました。
　付加価値を生み出すために大切なことは、目の前の仕事やお客さまを俯瞰することだと述べましたが、それはとてもシンプルなことなのです。給料はどこからくるのか、誰のために働くのか…未熟だった筆者に投げかけられた問いを、今でも筆者はその都度問い直しては答え続けているのです。

③ 知識と経験ゼロの新入職員も信頼される

　金融機関がお客さまに提供しているメニューは日本全国ほぼ同じです。差を付けることが出来るとしたら、金利、手数料、商品の数、くらいでしょうか。その他の要素は「人」ということになりますが、人材育成は投資と同様に長い時間がかかります。

　経験のない新入職員が今すぐにできることと言えば、「愛想をよく」とか「明るく接客」などの CS 活動が思い浮かびます。ただ人と人との相性の問題もありますし、職員の個性もあるため、苦痛を感じる職員も一定数はいます。

　それよりも、お客さまが実際何を求めているか、お客さまの立場で考えれば答えはシンプルです。それは「誠実に、真面目に接客すること」です。お客さまは新入職員に「素晴らしいサービスを提供してくれる」ことを期待はしていません。むしろ時間に正確か、約束は守れるか、わからないことは分からないと言えるか、自分に（お客さま）に興味を持ってくれているか、など誠実に向き合う態度に好感を持つ方が多いのです。ここに、新入職員の生み出せる価値があります。フィデューシャリー・デューティーの観点からも、この「誠実、真面目」な取組みを後押しすることが人材育成における最初の一歩です。そしてこれこそが、将来大きく成長して、より大きな付加価値を生み出すための原点となり、そして立脚点であり続けるはずです。

④ 人は価値を認めれば対価を支払う

　ところで、人はお金を支払って商品やサービスを購入するとき、常に価

格の安いものを求めるわけではありません。

　例えばあなたは、さくらんぼが大好物の親友に、さくらんぼを買ってきてくれるようにお願いされました。代金は後で払ってくれることになっています。あなたは一番安いさくらんぼを買うでしょうか。きっとそうではないはずです。判断基準は価格だけではなく、むしろ親友の好みの方が重要でしょう。甘いのが好きなのか、酸味がある方が好きなのかを考え、かつて一緒に行ったさくらんぼ狩りで親友が何を美味しいと言っていたのか記憶をたどり、最も喜びそうなさくらんぼを買っていくに違いありません。人は高い価値を認めれば、それに対して喜んで対価を支払うのです。

　一般に対面金融機関では投資商品を購入する場合にかかる手数料は、インターネット専業の証券会社で購入するよりも割高です。対面での相談に価値を置かず手数料の安さを優先して考える人は、基本的には対面金融機関で投資をしません。一方で、対面での投資商品のアドバイスを希望するお客さまは、インターネットでの取引にはない価値を求めているのです。

　では、対面で投資商品を販売している金融機関の担当者は何をすべきでしょうか。投資をしたいというお客さまに対し、取扱商品の中から、最も手数料の安いものを案内すればそれで良いというわけではありません。投資をしたことがない方には、投資というものを分かりやすく説明することかもしれません。長期投資を成功させるために、継続的にフォローすることかもしれません。あるいは、お客さまの価値観に基づいた投資行動を実現するための商品選定のお手伝いかもしれません。もしかすると案内すべきは、投資商品ではないのかもしれません。

　私たちがすべきことは、お客さまのことをよく知り、お客さまが求めていることは何か、自分たちがお客さまのためにできることは何かを考え、最もお客さまのためになることを提案することです。広い視野でお客さまのことを考え、創意工夫して付加価値を生み出して提供する。この一連の

営みが、顧客本位の活動なのです。

第3章

資産形成・投資提案営業の実践

第1節 金融機関担当者の心構え

　本章では、いよいよ顧客本位での資産形成・投資の提案営業の実践について学んでいきます。筆者は、その実践方法を「心構え＋３ステップ」としてシンプルにまとめています。

　心構えとは、お客さまと接するうえでの基礎となる考え方であり、担当者が行動するための拠り所です。どんなに豊富な知識を蓄え、お客さまと接するテクニックを磨いたとしても、考え方が誤っていれば、お客さまのための仕事をすることができません。なまじスキルがある分、お客さまにとって有害でさえあり得ます。ですから、顧客本位の実践のためには、しっかりした考え方を身に付けることが最も重要です。逆に言えば、考え方さえしっかりしていれば、たとえ知識や技能が未熟であっても周囲の力を借りながらお客さまと接することができますし、その後の経験や学習が活きてくるでしょう。

　３ステップとは「お客さまを知る」「商品を知る」「提案する」です。資産形成・投資の提案営業をこのように分解して考えることで、学びやすくなるものと思います。実践をイメージしながら読み進められるように、筆者の経験や具体例も交えて解説していきます。

　顧客本位の活動を植物に例えると、心構えは「土」に当たります。お客さまを知るは「根」、商品を知るは「茎」、そして提案するは「葉」です。個々の提案は葉のよう無数にあるため、そこから学んでも応用を効かせることが難しいでしょう。まずは土作りとして、心構えをするために、自分の所属する金融機関の経営理念と向き合いましょう。

図表3－1　顧客本位の実践

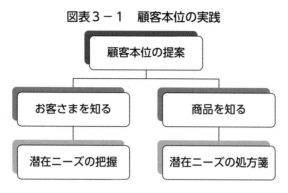

出所：株式会社フィデューシャリー・パートナーズ

1　まずは経営理念

　心構えとして、何よりもまず向き合うべきは自分の所属する金融機関の経営理念です。

　経営理念とは、その組織が何のために活動しているのかという存在意義を端的に表現したものです。仕事を進めていく中で迷ったり悩んだりすることは、誰しも必ずあります。そのようなときに立ち戻って見直すべきものが経営理念です。

　経営理念はオフィスに掲げられていたり、名刺に印刷されていたりと身近にあるものだと思いますが、それについて突き詰めて考えてみるという経験をしたことがない場合が多いと思います。たとえば、経営理念に「地域の発展に貢献する」という言葉があったとして、それについて「地域の発展とは何を意味するのか」「貢献するとは、何をどのようにして貢献するのか」といった問いを投げかけられたときに、すぐさま答えられるでしょうか。経営理念に使われる言葉は概して難解なものではありませんが、抽象度が高いため、日々の具体的な業務と結び付けて考えるためには、その

言葉を咀嚼して深く考えてみることが欠かせません（抽象度が高いからこそ、あらゆる場面で参照可能な指針となり得ます）。

筆者が実施しているフィデューシャリー研修では、基礎となる考え方を身に付けるにあたって、プリンシプルベースとは何かとか、金融庁は何を発表しているか、などといった知識を解説するよりも、まず「経営理念の読み解き」を実施しています。この研修は是非とも全職員に行い、新入職員研修にも取り入れてみてください。研修方法は後述します。

② なぜ経営理念を重視するか

筆者が経営理念にこだわり、研修においても積極的に活用しているのは自らの経験によるところが大きいです。筆者は、金融庁がフィデューシャリー・デューティーを公表する以前から、顧客本位の活動を実践してきたと自負しているのですが、その際に指針としていたのは他ならぬ経営理念でした。

経営理念をいつもお守りのように手元に置いて仕事をしていたのですが、その理由は信用金庫から信託銀行に移ったことが関係しています。転職当時、信金と銀行では金融のあり方が違うため、日々の業務を通じて自分の思考や言動を変える必要があると感じながらも、どのように適応すべきかを悩んでいました。そのときに経営理念をよくよく読んでみることにしたのです。信用金庫では経営理念を朝礼で唱和するなどして、当たり前のように慣れ親しんではいましたが、その意味を深く考えて行動するということはありませんでした。一方、信託銀行では唱和することもなく、当初は気にもしていませんでした。いざ注意深く読んでみると、信用金庫のそれとの違いに驚きました。同時に、自分に求められる役割の違いにも思い至り、当時の筆者にはそれに沿ってできていることが何一つないことに

気付きました。

　それ以来、経営理念を読み返しながら仕事をしてきました。いくら自分に自信がなくても、お客さまは当社を選んで取引をしてくださり、そして私が担当してしまう。とにかく私が担当してしまったお客さまが「ハズレくじを引いた」と失望なさらないようにしなければいけない。当社は何のために存在しているのか、お客さまは当社に何を求めているのか、そして今の自分がやるべきことは何か、できることはないか、何を学ばなければいけないのか、そういったことを常に考えて仕事をしていました。

　経営理念に憧れ、それを体現する自分になりたいという気持ちで自己研鑽を積んできた筆者にとって、時に正当性に疑問を感じるような指示を下された際には、それに従うべきか否か悩みました。最も大切なことは何であって、どう振る舞うべきかを迷ったときには、そのつど経営理念を読むことを繰り返しました。こうして筆者は、経営理念に則って自分が正しいと思う行動をすることにしました。一従業員としては通常は組織の指示に従うことが求められるわけですから、それに逆らうというのは不安や孤独感がないわけではありません。しかし、自分の行動こそが経営理念に則していることを信じ、この会社にいる意味を見出していました。経営理念は筆者にとって、進むべき方向を教えてくれる北極星のような存在です。結果として、顧客本位から大きく踏み外すことなく仕事をしてこられたのです。

③　経営理念の読み解き

　以上の経験は、現在行っているフィデューシャリー・デューティーの研修にそのまま活かされています。それが、経営理念の読み解きと共有を行う研修です。その具体的な方法をご紹介しましょう。

　この研修では、顧客本位の考え方の原点である経営理念の読み解きを通

じて、それぞれが感じている組織や自己の課題を共有します。そして、問題を可視化し、解決のためのステップを自ら設定できるようになります。

■ 経営理念の読み解き研修 ■

準備するもの　模造紙、大きな付箋1人20枚程度、太いマジック1人1本

所要時間　　　1時間

注意事項

＊グループワーク　4、5名程度のグループを作ります。最大5名です。
　5名までが、全員が議論に参加してお互いの意見を交換でき、そして全員に役割がある人数です。

＊役割を決めます。（グループの人数に応じて適宜変更してください）

・リーダー：グループ内の進行役

・タイムキーパー：グループワーク中の時間管理

・書記：模造紙に経営理念を書く等

・発表者2名：グループごとの発表者

手順

① まずは経営理念について、各々どのように解釈しているのかを表明し合う。難しく考えず、ざっくばらんに話すのが良いでしょう。

② 経営理念のキーワードについて話し合う。経営理念に使われている言葉（「しあわせ」「貢献」「発展」など）が具体的に何を指しているのか、どのような行為を指しているのか、など。

③ 図表3−2のように模造紙に線を引いて4分割し、以下の4つのテーマについて、各々自分の考えを付箋に記入する（いくつ書いても良い）。

Ⅰ　「お客さまが自金融機関に求めることは何だと思いますか。」普段お客さまに言われていることや、自分が感じていること。

Ⅱ　「自金融機関がすべきことは何だと思いますか。」この地で営業する

金融としての役割など。これはお客さまが求めるもととは違っていてもいいし、同じであってもよいです。

Ⅲ 「Ⅱをするために支障となっていることは何ですか。自分の問題と組織の問題、それぞれ考えてみてください」できない理由は何かを考え、問題を可視化します。

Ⅳ 「解決策、自分ができること」今の自分にできることは何かを考えます。小さいことでよいので、具体的に明日から実行できることを考えます。たとえば、「お客さまに挨拶する」など、何でも良いです。

④ 1人ずつ自分の考えを発表しながら、付箋を模造紙に貼っていく

⑤ グループ全員の発表からの気付きを1人ずつ発表する。違和感や共感、確信など。

⑥ グループごとの発表（グループ内でどのような意見が出たかなどを、全体に向けて発表する）

⑦ 研修の最初と最後で自分の考えに変化があったか、研修の感想をグループ内で発表する。

図表3－2　経営理念の読み解き研修

Ⅳ 解決策 **自分**ができること	Ⅰ お客さまが **自金融機関**に求めることとは？
Ⅲ Ⅱをするための ネックは？ **自分・組織**	Ⅱ **自金融機関**が すべきことは？

出所：株式会社フィデューシャリー・パートナーズ

研修で認識した自己課題を支店に持ち帰り、日々の活動に取入れていただきます。実際の研修では設定した自己課題の取組みを、月1回程度オン

ライン面談等でサポートしていきます。この際、講師と受講者1対1よりも、他の職員と取組みの進捗を共有し合えるグループ面談が効果的です。

　この研修は受講者の意識の変化も大きく、筆者の想像以上の成果をもたらしています。

　ここで付言しておきたいのは、経営理念について深く考え自分なりに理解することと同時に、その想いを仲間と共有することを、研修を通じて経験していただきたいということです。

4　担当者と経営理念

　前章では、顧客本位であることの重要性と、それに先立つフィデューシャリー・デューティーの概念について説明してきました。一方で、お客さまと接する具体的な業務について説明する本章では、その心構えとして経営理念を前面に押し出しています。その理由は、担当者に顧客本位を自分事として考えてもらいたいためです。英国に歴史的な起源を持つフィデューシャリー・デューティーや金融庁の行政方針などよりも、自金融機関の経営理念の方が現場にとっては身近で自分にとって重要なものだと認識しやすいようです。それもそのはず、各担当者は自ら選択して行った就職活動を経て、自金融機関に勤めているのであり、ここでの仕事に想いや希望を持っているのです。

　経営理念が自分の進むべき方向を示してくれるものだとしたら、フィデューシャリー・デューティーの概念は、より広い視野を与えてくれるものです。このように自分の仕事の本質についての理解が進めば、日々の活動に迷いがなくなり、自分が何をすれば良いのかがさらに見えるようになります。そうすれば、たとえば本部が営業店に対して何らかの施策を求めたときに、その理由が理解できるようになると思います。理由が分かれば、

何事も応用が効くものです。

⑤ 主役は担当者

　お客さまの最善の利益を追求するために、お客さまの情報が欠かせないのは言うまでもありません。お客さまのことを知ってはじめて、最適な提案を行うことができます。では、そのお客さまを最も知っているのは誰でしょうか。それは担当者に他なりません。

　目の前のお客さまのために何をすべきかを考え、実行するのは担当者です。経営者や管理者が行うのは担当者が活動しやすい仕組みを整えることであり、その中で担当者主導によって実施されなければなりません。提案営業する主役は担当者であるということを心に留めておいてください。

⑥ 可能な限りの選択肢・手段を提案する

　当然のことながら、人は知らないことは選択できません。知らないのですから、意思決定する際の選択肢にすらなりません。

図表3－3　NISA・つみたてNISAの認知率

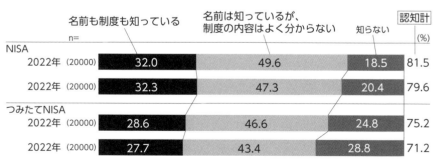

出所：一般社団法人 投資信託協会『2022年 NISA、iDeCo 等の制度に関する調査』より

図表3−3に示すように、2023年2月21日の一般社団法人投資信託協会の調査委報告ではNISAの名前も制度の内容も知っているという人は僅か30％程度に過ぎません。制度が開始されてから、まもなく10年が経過しようとしているのに、認知度が低すぎます。NISAは日本国内にお住いの18歳以上の方なら誰でも等しく利用できる国の税制優遇制度で、一般生活者の資産形成を後押しするという理念に基づいています。投資のリスクがあるため制度を利用するかどうかは個々人の判断によりますが、誰もが取り得る手段として知っておくべきものです。筆者は将来発生するかもしれない大きな経済的格差を思い、金融に携わる者としてNISA普及の責任の一端を担っていることへの責任の重さを感じています。

　NISAは一例に過ぎません。資産形成・投資に関して、お客さまに知っていただきたいことは他にもいろいろあるはずです。自金融機関で扱っている商品やサービスを知っていただくことも重要です。後から「そんなサービスがあるなんて知らなかった」と言われないように、お客さまの選択肢を広げることも担当者の仕事だと認識しておきましょう。

　また、投資をしない理由が「怖いから」「よく分からないから」というお客さまに対して投資の案内をしないことは顧客本位とは言えません。わからなさゆえの不安を取り除いたうえで、投資はしない決断をしているならそれ以上のご案内はしません。知っていただいたうえで、投資をするかしないかを選択できるようにご案内しましょう。

7　金融商品は目的ではない

　金融商品というものは、目的ではなく手段です。たとえば、「住宅ローンを借りたい」というお客さまが欲しいものは住宅ローンではありません。マイホームです。さらに言えば、自己所有することによって得られる

安心が欲しいのかもしれませんし、理想の間取りで家族と過ごす幸せを求めているのかもしれません。

　「新規開業するための資金を借りたい」というお客さまが望んでいるのも、お金でありません。事業を興したいのです。さらに、なぜ事業を興したいのかを掘り下げて考えてみてください。その理由は「社会に貢献したい」「得意な分野を活かしたい」「お金儲けに興味がある」など様々でしょう。

　お客さまが望むものを手に入れるにあたって、融資は不要である場合もあります。お客さまの貯蓄額と物件によっては、ローンを組むことなく住宅を購入できる場合もあります。新規開業するにしてもローンが必要ない場合もあります。お客さまが具体的に何を求めているのかを確認し、それに見合う手段を提供することが大切です。

　預貯金についても同様です。貯蓄する理由として「老後のために」とか「イザというときのために」と答える方が多いのですが、そのために取れる手段は貯蓄だけではありません。投資や保険で備えることもできますし、転職、また引っ越しなど生活環境を変えることでも老後の備えができることもあるでしょう。

　金融機関として提供できるのは金融商品やサービスですが、それらはお客さまの希望を叶えるための手段であることを忘れないようにしましょう。

第2節　お客さまを知る

　前節では、提案営業を行うための心構えを学びました。ここからは、より具体的な実践方法について学んでいきます。前述したとおり、資産形成・投資の提案営業を実践するために必要なステップは3つ「お客さまを知る」「商品を知る」そして「提案する」です。（図表3－1）まずは、お客さま知ることから始めましょう。

　特に経験年数の浅い担当者は、お客さまを知ることを優先してください。なぜならば、商品を知ることと提案することは自分以外の人の力を借りることができる一方で、お客さまを知ることは担当者本人にしかできない仕事だからです。金融機関の良いところはチームで仕事をすることです。一人でお客さまを訪問していても、支店に戻れば同僚や先輩、上司に相談できます。お客さまの立場から考えても、若い担当者が「自分にすべてお任せください」という態度でいるよりも「持ち帰って最善案をご提案いたします」と申し上げる方が、ずっと誠実で頼りがいがあると思われるものです。まずは担当者であるあなたにしかできない「お客さまを知る」ということに集中しましょう。

1　お客さま情報の重要性

　顧客本位の営業を実施する上で欠くことのできない最も大切なものの一つ、それがお客さま情報です。全ての提案は、お客さま情報が基となります。そのため、担当者としてはこれがないことには提案することができません。

　一口にお客さま情報といっても、その内容は実に多種多様です。お持ちの資産（現預金、投資商品、保険、不動産など）、年齢、職業、家族構成と関係性、投資についての状況や考え方、将来設計、政治や経済などを含む価値観、さらには趣味や病歴までお聞きすることもあるでしょう。金融機関ですからお金に関する情報が中心となりますが、それはお客さまの人生と深く結び付いているため、多くの情報を提供いただくことになります。お客さまからこれほど幅広い情報を提供いただけるのは金融機関をおいて他にないと思います。そして、それらの情報をもとに多角的にアプローチして様々な提案を行うのが金融機関の役割であり、これこそがこの仕事の魅力であると筆者は考えています。

　経営理念やフィデューシャリー・デューティーの概念を理解し実践し始めると、業務の幅が一気に広がることを実感するでしょう。お客さまの情報が網の目のように広がり、そこに自分がお役に立てるチャンスがいくつも点在していることが分かります。このような視点から生み出す付加価値が収益の源泉となることを思えば、お客さまの情報は財務諸表にこそ記載されませんが、価値ある資産であると言えるでしょう。

2 雑談も全て聴く姿勢で

　お客さまの情報を深く汲み取るのは、それほど単純ではありません。ほとんどの情報は、住所や電話番号のように直に記入していただくわけではなく、お客さまとのコミュニケーションの中で少しずつ、丁寧に拾い上げるようにしてお聞きしていくことになります。

　現場の担当者からよくいただく質問の中に「お客さまと親しくなれましたが、一歩踏み込んで話を展開させるにはどのようにしたらよいか」というものがあります。雑談の中に重要な情報が含まれている、とはよく言わ

れることですが、「雑談が大事」とばかりに漫然と会話していたのではきりがありません。実際の業務は常に時間との闘いで、一人ひとりのお客さまと接する時間はとても短いです。そのような制約の中で重要な情報を引き出すのに筆者がよく使っている言葉をご紹介いたします。それは「お変わりないですか」です。筆者は会話の導入として頻繁に発しています。

「お変わりないですか」と尋ねたときに「今日はうちの庭で大根が収穫できたのよ」などと言われれば、一見お金の話とは程遠く思われるので、早く話題を切り替えたいと考えるかもしれません。しかし、強引に話題を切り替えるのは相手の警戒心が増すことが多いですので慎重にしましょう。実は趣味なども含めた幅広い情報が提案に繋がる鍵となる場合が多々あります。といっても「そうですか、今日のお夕飯は何ですか」などと会話を盛り上げてお客さまを満足させるだけでは単なる雑談の域を出ません。ポイントを絞って話を展開したいものですが、着目点として特におすすめしたいのが家族構成とその交流度合です。家族関係はお金に関連するニーズを探る上で重要なので、自然な会話の中から引き出したい情報です。たとえば「ご家族もお喜びでしょう」「ご家族みなさまお野菜好きなのですか」「ご夫婦二人で食べきれるのですか」などと質問すれば自然と家族の話題に繋げられます。

重要な情報は聞き出しつつも、接客は一個人間のコミュニケーションなのですから、担当者の皆様のそれぞれの個性で接するのが好ましく、会話を自由に楽しむ気持ちでよいでしょう。

③ 尋問になってしまわないように

お客さまから情報を引き出そうとするあまり、尋問になってしまうというのもよくあることです。なぜ尋問のようになってしまうかといえば、そ

れはお客さまが心を開いていないからです。さらにその理由を一言でいえばセールスされたくない警戒心です。これについていかに対処すべきでしょうか。原因を取り除けばいいのですから簡単なことで、セールスを止めれば良いのです。

　そこで勘違いしてはいけないのは、セールスをしないことと、販売しないことは違うということです。お金の悩みを解決する手段を扱う金融機関は、すでに述べたようにお客さまに「そんな手段があることを知りませんでした」と言わせてはいけないのです。余計なセールスもされないけど、必要な情報も教えてくれないのであれば、お客さまにとって金融機関はＡＴＭがあれば事足りるということになってしまいます。お客さまのニーズに合致した提案をするプロフェッショナルとして十分な役目を果たすべく、遠慮して重要なことを聞き逃すというわけにはいきません。セールスを目的とした質問はしない。しかし、お客さまの力になるために、お客さまを知る。このようなことを日々の業務の中で試行錯誤し、追求してみましょう。

　前項で登場した家庭菜園が趣味のお客さまを例に、尋問的な会話と情報を引出すことのできる自然な会話の例をみてみましょう。

【Ａ：尋問的な会話例】

担 当 者「（大根の話はスルー）今日は最近お客さまに人気の贈与型商品
　　　　　のパンフレットをお持ちしたのですけど、お子さまはいらっしゃ
　　　　　いますか」

お客さま「ええ」

担 当 者「贈与などお考えではないですか」

お客さま「まあ、今は考えていないわ」

担 当 者「相続税の基礎控除は…お子さまは何人いらっしゃるのですか」

お客さま「あ、わが家は余裕がありませんから、このままで大丈夫よ」

【B：自然な会話例】
担 当 者「このお野菜は旦那様と2人で食べきれるのですか」
お客さま「近くに娘家族が住んでいてね、取りにくるのよ」
担 当 者「そうですか、町内ですか。お近くでいいですね。娘様もお喜び
　　　　　でしょうね」
お客さま「町内じゃなくてね、A市なのですけど、孫のお稽古の送り迎え
　　　　　で週一寄ってくれるのよ」

　会話例Aは尋問のようであり、日を改めて話したところでこれ以上発展
しそうにありません。多くの担当者は見込みなし顧客とみなし、次回の接
触までの期間は長くなるでしょう。お客さま起点のコミュニケーションで
はなく、担当者の都合で商品を唐突にセールスしているのが問題であると
言えます。
　一方、会話例Bは自然な流れでA市に娘さんがお住まいで、お孫さんが
いることまで情報をいただけました。さらに話を発展させて蓄積していく
お客さま情報を充実させていきましょう。何かお役に立てることはないか
考えながら関係を深めていくなかで自金融機関の商品紹介をします。すぐ
には契約に至らなくても、時機が来れば紹介された商品を思い出し、担当
者に相談する可能性はあります。その際には、お客さまはさらに自己開示
をしていただけるようになり、娘さま家族のNISAや住宅に関するお手伝
いができるといった可能性も広がるかもしれません。

4 　家系図を書く

　お客さまの話には沢山の登場人物がいます。たとえば甥姪については、兄弟姉妹のうち誰の子なのか、あるいは配偶者の兄弟姉妹の子なのか、メモしておかないと話を聞いた担当者も分からなくなってしまいます。ですから、お客さまの家族について聞いたときには、必ず家系図を書くようにしましょう。お客さまを中心に配偶者、両親、子ども、と知っている範囲で書きます。そして新たな登場人物が出て来たらそこに書き足していきます。お姉さんの話が出てきた場合、これがお客さま自身の姉なのか、配偶者の姉なのか、そういったことも家系図を書くことによってはっきりします。

5 　より広く深い情報収集をするには

　お客さまからどれほど幅広く深い情報を収集できるかというのは、経験や担当部署によるところが多いでしょう。経験の浅いうちはなかなか上手にヒアリングできないかもしれません。ここでは、お客さまの発言を糸口にして具体的な商品提案に漕ぎ着けるために、お客さまからどのような情報を引出す必要があるのかについて考えてみましょう。

　お客さまからの的を絞った情報収集には、主に2つの入り口があります。1つは、お客さまの発した具体的なキーワードから掘り下げて質問する場合です。たとえば「相続について考えたい」とお客さまが発した場合を考えてみましょう。

担当者「相続に興味のあるお客様を見つけました。次回詳しい人に話がし

たいと仰っています」

先　　輩「相続に興味というのは、分割方法、税金、どちらに興味があるの
　　　ですか」

担当者「そこまで聞いていません」

先　　輩「では、お客さまの属性は？独身？お子様は？」

担当者「年齢しか分かりません…」

　まずは、相続についての課題を考える上で欠かせない要素を思い浮かべます。親、子、孫、兄弟くらいまでのご家族に関する情報は必須です。何人いるのか、それぞれの年齢、お客さま自身との関係性・親密度などを把握しておきたいところです。また、お客さまの資産、特に不動産の有無は重要な要素です。こうして、聞き出したい情報に目星をつけながら、お客さまに質問していきます。このとき、自金融機関の取扱商品を念頭に置きつつ、お客さまの課題解決のお役に立てそうかどうかを見極めながら話を展開できると、なお良いでしょう。

　ただ、注意しておきたいのはご自身の課題を詳細かつ具体的に説明できるお客さまは少ないということです。「相続」というキーワードも、曖昧な状況認識のもと漠然とした意味で発している可能性は低くないのです。情報を深く掘り下げる際にはお客さまの知識に応じた対応を工夫しましょう。

　情報収集の入口のもう１つは、お客さまの属性から考えて、あり得る課題を連想（図表３－４）して質問するという方法です。たとえば、子どものいない夫婦は、どちらか一方が死亡した際にその兄弟姉妹が法定相続人になるということで生じるトラブルが多いという一般的な課題を把握しておくと、何を質問すべきかが分かります。

　兄弟姉妹の有無や親の年齢や生死についてはぜひ把握しておきたい事項

図表3−4　お客さま属性別の課題

出所：株式会社フィデューシャリー・パートナーズ

です。親の存命中は配偶者と親が法定相続人であり、親には遺留分もあります。親が死亡している場合の法定相続人は配偶者と兄弟姉妹であり、兄弟姉妹に遺留分はありません。このような遺産分割の課題への対策としては遺言作成が有効です。もし兄弟がおらず、かつ親も死亡していた場合の法定相続人は配偶者のみとなり遺言の緊急性は低くなります。

　また遺産分割に関する対策は済んでいるが、相続人の少なさから相続税の基礎控除が少ないという場合には、贈与等を検討する可能性もあります。その際、高齢の兄弟姉妹は自分を看取れない可能性が高いため、病院や葬儀の手配等世話をしてくれる予定の法定相続人ではない甥姪が贈与等の対象に上がる可能性もあります。高齢者施設への入居を検討していて、不動産の査定に関心があるかも知れません。このように考えを進めていくと、何を聞くべきかが自ずと見えてくるのではないでしょうか。

適切な情報を引出すためには、知識を増やすことが欠かせません。お客さまの様々なニーズにお応えするために、投資商品に限らず幅広く知識を身につけて、より深く広い会話を展開できるようにしましょう。

　図表3－4は情報収集の補助ツールとなり得ます。社内研修などで、顧客属性以外を空白にし、想定される問題点などをグループで話し合ってみてはいかがでしょうか。

6　十分なヒアリングが提案の質を変える

　ここでは一つの事例を取り上げ、ヒアリング深度の違いと提案の内容の変化について確認しましょう。お客さまにとって価値ある提案をするために、しっかりヒアリングすることの重要性やその方法について考えてみましょう。

お客さま「娘に現金を多めに遺そうかと考えています」

①担当者Ａの場合

Ａ　「ご希望にお応えする商品がございます。生命保険商品です」

②担当者Ｂの場合

Ｂ　「どのくらいの金額をお考えですか」

お客さま「それが難しいのよね。私も何歳まで長生きするか分からないしね」

Ｂ　「一括のご資金移動は心配ですよね。分割のほうが安心でしょうから毎年の贈与に留めておき、解約をすれば自身で使えるご資金になる"暦年贈与信託"がありますよ」

③担当者Ｃの場合

Ｃ　「娘さまに遺す方法は複数ございますが、お子様は娘様お一人ですか。同居なさっていますか。旦那さまもご一緒ですか」

お客さま「子どもは二人いて、長男家族と同居しています。娘は独身ですからある程度は残してあげたいのです。夫は早くに亡くなりました」

Ｃ　「そうですか、娘様に多く遺したいというその思いは実現させたいですね。ちなみに金額はいくらくらいをお考えですか」

お客さま「それがね、人生100年時代というし私の寿命よりお金が早く尽きるのも心配よね。遺したいと言っても将来のことは分からないことが多くてなかなか決断ができなくて…」

Ｃ　「そうですよね。ところでご長男様と同居なさっているとのことですが、土地と建物の名義はどなたなのですか」

お客さま「私です」

Ｃ　「仮に不動産の相続税評価額が3,000万円だとします。そして相続時の預貯金を仮に2,000万円としましょう。ご資産の合計は5,000万円ですから法定相続分は2分の1ずつとなり、息子さまと娘様それぞれ2,500万円の相続権利があります。しかし不動産の価格が3,000万円であれば、息子様は娘様に代償分割として500万円を現金などで渡すなどの必要があります」

お客さま「不動産は全部息子に遺すつもりです。娘も承知しているのではないかと思います。私の希望としては残った現金を分ける時に娘に多く遺したいのです」

Ｃ　「なるほど、分かりました。それでは今のお話から考えると、娘さまに預貯金を多めに遺したいとのお気持ちを実現できるのは、遺言作成だと考えます(その理由を説明)一度不動産の評価を計算してみましょうか」

お客さま「そうなのね、よく分かったわ。実はね、他にも不動産を所有していて…」

つづく...。

　以上の会話例において、担当者Aは保険を販売したい中堅～ベテラン職員を想定しています。担当者Bは保険の販売資格等がまだない新入職員で、販売できる限られた商品のなかから提案しようとしている想定です。そして担当者Cはお客さまが自己開示した情報を基に総合的に判断した提案をしたところ、お客さま自身が自己開示をさらに進めてきたという流れです。これは「ヒアリングが尋問になる」という項でも述べたように、セールスを止めることでより良い成果が上がるという一例です。誠実なコンサルティングをすると、お客さまが積極的に自己開示をしてくることになり、質の高い提案につながります。

７ お客さまの自己開示を促す

　顧客本位の提案をするためには、お客さまのことをよく知ることが必要です。そのためにどのようにお客さまと接するべきかについて説明してきましたが、より本質的なアプローチについて考えていきたいと思います。それは、前項の会話例でも触れましたが、お客さまに自己開示していただくということに尽きます。

　銀行員時代のあるとき、「お伺いシート」（以下、情報シート）というお客さまに資産や年収・リスク許容度等を記入いただく書類が登場したときの印象を記憶しています。「このようなモノを出せば、お客さまは嫌がるし逃げる。本当のことを書いてくれるはずもない。自分が得意とする雑談から引出せる情報で十分なのではないか」と、正直なところ私は拒絶感を

持っていました。この情報シートをより有効に使うための試行錯誤を繰返していたある日、初診でかかった医院で問診票を書くときに「コレだ」と、情報シートを書いていただくために何が必要であるかを直観したのです。

　医療機関で手渡される問診票に、多くの人は正直に回答するはずです。既往歴や服用している薬はもちろん、診察してもらいたい症状については、いつからどのくらいの頻度で出ているのかなど、詳しく書くこともあるでしょう。なぜでしょうか。もちろん正確に診察して最適な治療をしてもらいたいからです。患者が医師をプロフェッショナルとして信じ、自分の情報を開示することで、より良い医療を受けられる可能性が高まると信じているからです。

　翻って金融機関の情報シートに向かうお客さまはどうでしょうか。資産運用に興味を持っていても、セールスされることを警戒して、とりあえず情報シートの類は「元本保証」にチェックするなどというケースは少なくないでしょう。それはつまり、信頼されていないのです。逆に言えば、お客さまが私たちを金融のプロフェッショナルとして信頼し、「自分にとって最適な金融提案をしてほしい」と思ったとき、お客さまは積極的に自己開示をするのです。

8　信頼を得ることと顧客本位であること

　顧客本位の業務運営のために、情報シート等の取得が必須とされている金融機関が多数ありますが、情報シート等を書いていただきさえすれば顧客本位の提案が達成されるわけではありません。高い精度でご記入いただけてこそ、真に顧客本位の提案ができます。

　顧客本位の活動をするためには、お客さまをよく知ることが不可欠です。そのお客さまの情報を得るためには、信頼していただく必要がありま

す。では、信頼を獲得するためにはどうすれば良いのでしょうか。一見すると循環論法にも思えるかもしれませんが、それは顧客本位であることに尽きるのです。

　肝に銘じておくべきことは、商品起点ではなく常にお客さま起点で考えることです。売りたい商品にお客さまを当てはめるのではなく、目の前のお客さまに役立つ商品を提案することなのです。ここに、どのようにお客さまとコミュニケーションを図り、自己開示を促していくかのポイントがあるのです。

　次項では、どのようにお客さまの信頼を獲得し、自己開示を促していくのかを具体的に解説していきましょう。

9 いかに信頼を獲得するか

　お客さまが自己開示したくなるような信頼とは何でしょうか。それは、「この担当者は、自身の成績や会社の収益ではなく、私の利益を優先して考えてくれている」とお客さまが思うことです。そう思っていただくために担当者ができることは、正にそのように振る舞うこと以外にありません。

　以下では、お客さまの利益を重視し、自分の目の前の利益を手放す活動例をいくつか挙げてみます。

（1）セールスをしない

　自己開示したくない理由の主要なものとして、前述したとおりセールスをされたくないということが考えられます。ならば、それを止めればいいのです。

　ただし、セールスをしないことと、販売しないことはイコールではありません、とも書きました。多くの一般生活者には、「老後のお金が尽きて

しまわないか」「いざというときのためにお金が必要だ」「金利が低い」といった不安や不満があります。お客さまには、こちらがセールスをしなくても金融商品を契約する動機は十分にあるといえます。それなのに、こちらが不用意にセールスをすることによって拒絶されてしまっては、双方にとって損失です。こちらは常にお客さまのお困りごとを聴くことに集中し、それを解決するためにはどのようなお手伝いができるかを考えます。そして、それぞれのお客さまにあった適切な提案ができるよう、常に金融商品やサービスを勉強しておきましょう。

　では、セールスありきの会話例とお客さまの自己開示を促す会話例を具体的に見てみましょう。たとえば「お変わりないですか」と尋ねたところ、「今はバラの手入れが忙しく、庭に出ている時間が多いわ」と仰ったとします。

①セールスありきの会話例

担 当 者「バラ、いいですね。ところで今日はNISAのパンフレットをお持ちいたしました。現在投資をしていますか？」

お客さま「少額ですが他でしています」

担 当 者「そうですか、NISAは申し込まれていますか？」

お客さま「はい」

②自己開示を促す会話例

担 当 者「バラ、いいですね。お一人で管理しているのですか？」

お客さま「ええ、でも夏場の旅行時は水やりを娘に頼むときもあるわ」

担 当 者「（娘さまの状況をお聞きした後）旅行はよく行かれるのですか？」

お客さま「ええ、以前は海外中心でしたが、最近は国内が中心になりました」

担 当 者「近年は海外に行けない環境でしたものね。最近は外貨が高くなっ

てしまいましたから、私には海外旅行のハードルが高くなりました」

お客さま「私も海外旅行は節約旅行になるわ」

担 当 者「外貨建ての資産に投資をしていれば、そこはトントンかもしれませんけど、お客さまは外貨に投資したり、外国の株式に投資したりしているのですか？」

お客さま「ええ、証券会社でね。最近担当者が変わって、ご無沙汰ですけどね」

前者①の会話例は、これ以上進展しそうにありません。顧客情報も十分に得られず、担当者は「見込みなし顧客」と記録し次回の接触までの期間は長くなるでしょう。いわば提案の好機を自らつぶしているのです。

これに対して後者②は、話を広げ、自然な会話から情報開示を促すことができました。さらに話を発展させるなかで、投資商品のみならず贈与や相続、その他の商品も紹介できる可能性がありあます。その場で契約に至らなくても、次回の面談の期日は近そうです。

（2）担当変更直後に提案しない

担当変更直後には、お客さまが不安や不満を訴えてくることが多いです。特に、保有している金融商品の成績が振るわない場合には、前任者への不信感も募り、ストレスを感じてしまっているものです。投資における自己責任の原則が徹底されていれば、本来そのようなことはないのですが、売りたい商品ありきのセールス活動をしていると、お客さまが損失に耐えられない状況に陥りやすいのです。

さて、そのような状況の中、担当変更すると、含み損を抱えている商品を一気に乗換えしたり、あるいは価格上昇している商品を利益確定したり

する行動を取りがちです。場合によってはお客さま自身がそれを望んでいるようにも見えるものですが、ちょっと待ってください。まず確認すべきは投資の動機と資産背景です。

　現在保有している投資商品の購入動機、資産背景は申し出と相違ないかを確かめたうえで、「他行取引も含めて総合的にアドバイスしたい」と伝えて、提案は次回以降にしましょう。初手から提案していては多くのお客さまへの新任挨拶が遅れてしまいます。挨拶は信頼関係を築く基本と捉え、まずは効率よく挨拶を一巡させます。そこからさらに十分なヒアリングをする機会を作るのです。筆者は3ヵ月間で、お客さま一人につき電話も含め約3回折衝する。この活動が終了した後に一気に提案に移行していくという活動をしていましたので参考にしてみてください。このようなステップを踏めば、お客さまは筆者の提案を楽しみに待っている状態であるので、契約は実にスムーズです。

（3）お願い営業はしない

　投信の各種手数料から融資の金利に至るまで、他行（手数料については特にネット金融機関等）と比較されることがあるでしょう。筆者は比較するお客さまに対しては優しく「どうぞ他行をご利用ください」と伝えていました。そして「お困りのことがありましたら、またいつでもご相談くださいね」という言葉も忘れずに付け加えます。

　一時的に手数料の有利な金融機関に流れても、他の誰かに相談したいときは必ず来ます。それは他金融機関の担当変更時や、相場変動時、ある程度資金が大きくなってくる未来です。そのときに"私"や"自金融機関"を思い出していただけるような印象付けは有効です。そうして、自ら"指名"していただいたお客さまに適切な提案ができれば、自分が担当している年数を超えてファンになっていただけます。戦ったら必ず負けるリング

には上がらないに限ります。移り気なお客さまに対するお願い営業とは決別し、心身共になるべく消耗しないようにしましょう。

　お願いをしないというものは、見識のある方、資産家のお客さまであればあるほど好印象を与えるものです。金融機関行職員としての矜持を見せる場面でしょう。お願いされるのが大好きなお客さまも数は多いので、そのようなお客さまには、お願いではなく御礼を言うと良いです。

　また、時々上席に同席をお願いするのも効果的です。そうするといざという時の大口取引の候補に上がります。お客さまの大事な取引の際に選ばれる担当者でありたいですね。

（4）難しい言葉を使わない

　投資経験のあるお客さまもないお客さまも、実は質問したいことが山のようにあります。自分はお客さまからあまり質問されないと思う方は、説明時に難解な専門用語や馴染みの薄い横文字の単語を多用していないか振り返ってみてください。お客さまが質問できない雰囲気を作ってはいないでしょうか。理解の追いつかない言葉を並べられると、特に投資経験の浅いお客さまは萎縮してしまい、信頼関係からは遠のいてしまいます。

　自分がセミナーなどの受講者になった場合をイメージしてみてください。知らない言葉ばかりで説明する講師に、「全然分かりません。言葉の意味が分かりません」とは質問しにくいでしょう。また、一般に定着していないカタカナ語を多用する人に対して、不信感を抱くのは私だけではないはずです。詳細に踏み込んだ話を振ってもまともな返答はないかもしれない、場合によってはプライドを傷つけて怒らせてしまうかもしれないから質問するのは止めよう、などと考えてもおかしくありません。お客さまは金融の素人かもしれませんが、その人生経験に照らして担当者を見ているのです。

　提案している商品やお客さまの状況をよく把握していれば、難しい言葉も自分なりに咀嚼してより分かりやすい表現ができるはずです。そうすると、お客さまからの質問が一気に増えます。質問されない方が、接客時間が短くてよい、などということは決してありません。初期や日々の丁寧な対応こそが、その後のフォローをグンと楽にしますし、何よりお客さまが長期投資に耐えられるようになります。

（5）分からないことを素直に認める

　お客さまからの質問に答えられないときには、分からない旨を率直に伝えましょう。そして、必ず持ち帰り、調べて返答するという誠実な対応をしましょう。「こんなことも分からないのか」と言われてしまったとしても、無知を詫び、きちんと調べるという約束をしてみてください。その態度そのものを信頼していただけます。「知識は少ないけど真面目ではあるのだな」と思っていただければ、勉強して知識を蓄積しながら対応していくことで信頼関係を築いていくことができます。簡単なことなのですが、自分の至らなさ認めるというのは勇気のいることでもあります。筆者自身、どんなに経験を積んでも、謙虚な気持ちを忘れずに活動したいと日頃より言い聞かせています。

　筆者に対して絶大な信頼を寄せてくださる何人かのお客さまに、その理由を尋ねたことがあります。あるお客さまは「分からないことを分からないとはっきり言ってくれるところを信頼しています。その後、調べて連絡くれるから安心しています。銀行の担当者でそのような人は今までいませんでした」と仰いました。未熟な筆者はお客さまに育てていただいているのだと実感したエピソードです。

　以上、お客さまの信頼を獲得するための活動についてみてきました。こ

の他「契約を迷っているお客さまの背中は押さない」や「自金融機関で最適なサービスを提供できない場合は他金融機関を案内する」など、目の前の利益を手放して信頼を得る方法は実に様々あります。基本的な顧客本位の考え方が身に付いていればその方法は無限なのです。

　お客さまの自己開示を促すことは、農地を耕すことに似ています。十分に耕されていない土地に種を蒔いたり苗を植えたりしても豊かな収穫が覚束ないように、お客さまから自己開示された情報がなければ、良い提案をすることは困難です。だからまずは、自己開示のための信頼関係という土を起こすところから始めましょう。そうして得られた情報には、提案の種が無数に眠っています。

第3節　商品を知る

本節は、第1章第2節「投資を理解する」を振り返りながらお読みください。

1　全ての商品を理解する

時々いただく質問で「商品は売れ筋だけ暗記すればいいですよね」というものがありますが、筆者はいつも「全ての商品を、暗記ではなく、理解してください」と申し上げています。

一見厳しいことを言っているようですが、実はごく当たり前のことです。商品を覚えていないのに営業活動をするのは、担当者が感じる日々の不安No.1と言っても過言ではありません。十分に理解できていないと感じている金融機関の担当者の商品説明で、お客さまに理解していただくことができるでしょうか。リスクを取って購入するお客さま自身が、そのリスクを許容できるか否かを判断できる状態に至っていないのでは、販売できるはずがありません。適切な販売活動を行うためには、販売側が商品内容を理解することは必要条件です。

一般生活者に投資信託が広まらない理由の一つとして、投資信託は複雑で難しいということが挙げられます。それもそのはず、2023年の執筆時点において日本で販売されている投資信託の本数は約6,000本もあるのです。これほど多くの商品を全て理解するなど無理難題ではないかと思うかもしれません。

全ての商品を理解するといっても、取扱商品を全て暗唱すべき、という

ことではないのです。自金融機関の取扱商品ラインナップを見て、各商品の特徴や概要が具体的に頭の中にイメージできるようになればよいのです。筆者自身、投資信託業務に携わり始めたころは、全商品を丸暗記することに全力で取り組みました。新商品も、お客さまの保有している他行商品も丸暗記です。家にはいつも投資のパンフレット関係の山が複数あり時々雪崩をおこしていました。しかし勉強していくにつれ、これがかなり遠回りの方法だったことに気付いたのです。

　ポイントを押さえて学習すればあらゆる投資信託を容易に理解できるようになります。ひとたび投資信託の理解の仕方を飲み込んでしまえば、どのような商品が新たにラインナップに加わってもすぐに理解できるし、お客さまが他行で保有している商品も問題なく理解できるようになります。

2 投資信託の理解は二段階

　約6,000本もある投資信託も、大きく分ければ中身の構成はたった5つの資産の組み合わせでしかないのです。その5つの資産の特徴を把握したうえで投資信託の中身をのぞいてみれば、とてもシンプルであることに気付くでしょう。5つの資産とは、国内株式、国内債券、外国株式、外国債券の伝統的4資産とその他資産です。最近はJ-REITも存在感を増してきているため、日本リートと海外リートを別に付け加えて7資産と分類するのが良いかもしれません。

　投資信託の学習の手順は大きく分けて、以下の二段階として捉えると良いでしょう。

　①投資対象を知る

　　＊資産クラス（株式、債券、その他資産）を理解する。

　②投資信託を知る

　　＊仕組を理解しお客さまに説明する

　　＊専門用語を理解する。

　こうして全ての商品が理解できれば、売りたい商品ありきの営業ではなく、お客さまの属性や状況、リスク許容度に合わせた提案ができるようになります。それは、医師が患者を診察して適切な処置をするのに似ています。医師は医学的な知見を持っているからこそ、患者の状態を的確に診察した上で、その症状に合わせた治療方法や処方薬を提示できます。診察もそこそこに、売れ筋だという新薬をすすめてくる医師などいないはずです。

　そして幸いなことに、販売者として投資信託を学ぶことは、医学や薬学を学習するよりも（おそらく）ずっと易しいのです。適切な提案をするために、投資商品の理解をすすめましょう。

③ 投資対象を知る～資産クラスを理解する～

　商品のパンフレットを暗記する、というのがよくある学習の仕方ですが、商品ごとに覚えることはとても大変です。ではどうやって覚えれば良いのでしょうか。生物種の分類にたとえて考えてみましょう。ライオン、トラ、チーター…これらの動物種ごとにその名称と特徴を全部覚えるのは大変です。しかし全て"ネコ科"であるため、「肉食で狩りをする」「鋭い爪を持ち足裏に肉球がある」など基本的な特徴は共通しています。「マーゲイ」という種を知らなかったとしても、ネコ科であることが分かれば、およその特徴は把握できますね。投資信託も同様に、商品を一つずつ暗記するより、資産クラス（株式、債券など）の特性を覚えたほうが知識の応用が利くようになります。

　国内にある約6,000本の投資信託は、その中身は図表3－5のように「国内株式」「国内債券」「外国株式」「外国債券」そして「その他資産」の5

つの組み合わせでできています。前の４つは伝統的資産とも呼ばれており、昔から投資対象とされてきた資産です。そして、これら５つの資産が「アクティブ」と「インデックス」という２種類の方法で運用されています。「アクティブ」とは、市場の平均を上回るように、あるいは独自の運用哲学に沿って運用する方法です。一方の「インデックス」は、あらかじめ決められた指数に連動させるものです。

図表３－５　投資信託を構成する資産クラス

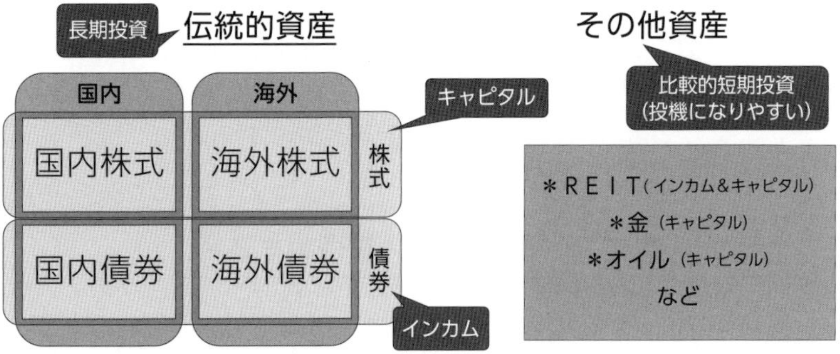

出所：株式会社フィデューシャリー・パートナーズ

　資産クラスと運用方法、この２つを確認すればその商品のおおまかな特徴が分かります。これらは運用会社のパンフレットやウェブサイトで確認できますし、交付目論見書にも表示があります。さらに、投資信託の現在の中身を比較的正確に確認するツールとして、各商品の「月次レポート」を活用しましょう。

　以下、５つの資産の基本的特徴を簡潔に解説します。

①株式／国内・海外（伝統的資産）

　投資目的は企業の成長、配当金です。長期的な企業の成長にともなうキャピタルゲイン[1]（値上がり益）を狙います。価格変動は大きいため、リス

ク許容度に合わせて運用全体のバランスを見て組み入れを少なくすることも考慮されます。成長ではない短期的な価格のブレで利益を得る目的（いわゆる投機）で、短期で売買する場合もあります。

②債券／国内・海外（伝統的資産）

　投資目的は主に金利、いわゆるインカムゲインです。

　債券を発行する企業が返済時に付ける利息が、投資家の利益となります。株式に比べると価格変動は少ないため、資産全体のブレを抑えることやバランスを考慮する際、組入れは多くなる傾向があります。債券の値上がりや値下がりに対するキャピタルゲインやキャピタルロスが出ることもあります。

③その他資産／ＲＥＩＴ、金、石油など（伝統的資産以外のもの）

　投資目的は値上がり益のものが多いため、投機的な要素が強くなります。たとえば石油はそれ自体で金利を生み出さないし、成長もしませんが、需要と供給によって取引価格が変動します。

　ＲＥＩＴはインカム（金利）と、キャピタル（値上がり）両方に利益を求めることができます。家賃収入が投資家に配当される仕組みであるため、利回りを主に狙った商品ですが、株式同様、償還期日がないため長期投資に適している商品でもあります。市場での売買のあり方が株式と似た性質を持つことから、価格の変動は株式と同等程度と覚えておいてください。

　その他資産は、伝統的資産と対比してオルタナティブと表記されることもあります。金や石油などの資産は、商品を意味する「コモディティ」とも呼ばれます。コモディティには貴金属やエネルギーのほか、トウモロコ

1　損失を表す用語はキャピタルロス

シや大豆などの農産物もあります。

4 投資信託を知る〜仕組みを理解し、お客さまに説明する〜

　投信信託とは何かという説明は幾度となくするものですが、お客さまにとってより納得感のある説明を短時間でするにはどうしたら良いのか、日々方法を試行錯誤していました。

　そんなある日、2月の節分に接客したお客さまに対して、次のようなたとえ話で説明をしました。

　「投資信託は太巻き寿司にたとえると分かりやすいのですよ。多種多彩な太巻き寿司がありますが、切って中身を見ればお馴染みの具材の組み合わせであることが分かります。日本で約6,000本も販売されている投資信託も、中身は単純でネタ（資産）は限られているのです。具材は大きく分けるとたった3つ、株式と債券、そしてREITを含むその他資産。株式と債券を国内と海外に分けると、計5つ。これだけです。その組み合わせと組入れ配分によって数多の商品が作られているのですよ」

　この説明をはじめて聞いたお客さまは、複数本の投資信託を長年保有し、投資金額も大きい方でしたが「私、今初めて投資信託のことを理解しました。これまでよく理解せず不安があったのですが、目からウロコです。これからは投資をさらに楽しめそうです」と率直な感想を述べていただきました。

　それ以降、太巻き寿司の例えを頻繁に使うようになりました。投資初心者の方だけでなく、長年投資信託を保有しつつも、いまいち自分でよく理解していなかったというお客さまにもご好評いただいた説明方法です。新入職員にこの方法で商品のレクチャーをするのも有効です。

　前項で5つの資産の特徴を解説しました。そこを押えておけば、あとは

それらがどのように組み合わされているかを確認することで商品の概要を把握できます。「株式が多め」「債券が多め」「その他資産」「いろいろミックス」などの特徴から、お客さまに提案すべき商品が見えてきます。お客さまが好みの太巻き寿司を選ぶように投資信託選びをお手伝いしましょう。

5 個別商品の学習方法

　投資信託を大掴みに理解できたら、次は商品個別の学習に移りましょう。各商品を理解するためには、以下の書類を読み込みます。
　①目論見書＋販売用資料（あれば）
　②月次レポート（月報、マンスリーレポート）
　③運用報告書
　まずは、商品の目論見書を読みます。これは投資信託のプロフィールですから、お客さまが自身の資産運用に組み入れるかどうかを判断する第一の材料になります。目論見書で主に確認すべき事項は、ファンドの目的（長期投資等の文言）、投資先（国や通貨）、投資対象（資産クラスとその配分）、仕組み（インデックス型か、アクティブ型）です。
　続いて、直近の月次レポートを確認します。毎月15日頃に発行されるところが多いようです。様式は運用会社や商品によっても違いがあります。低コストインデックスファンドは情報の記載が少ないという傾向があります。月次レポートは以下の点をチェックすると良いでしょう。基準価額の推移と純資産総額の推移、分配金が出る商品は分配金再投資基準価額も確認します。騰落率、ベンチマークがあればその乖離表示もチェック。投資資産（株式や債券の組み入れ比率等）。組入れ国（国と投資比率）。組入れ通貨。組入れ業種。組入れ上位銘柄（だいたい10銘柄程度が記載、

全銘柄は商品の運用報告書を参照）。運用担当者のコメント（先月の振り返りと今後の見通し）。

　そして、運用報告書。少々マニアックなのですが、投資している全銘柄を確認してみましょう。アクティブファンドでは特に目を通しておきたいところです。分配可能金額などを知りたい場合にも、運用報告書を確認します。信託報酬を含む総コスト[2]もチェックしておきましょう。

　上記資料を読み込むことにより、商品内容を理解できるようになります。これらの資料は専門用語で溢れているので、慣れないうちは読みにくいかもしれません。分からない用語には印を付けながら読み飛ばしてください。全体を把握した後、印を付けた用語を必ず解説書やネット検索などで調べ、お客さまに聞かれたら説明できるように準備をしておきましょう。チェックポイントをたくさん書きましたが慣れてくれば、さっさと目を通すだけで把握できるようになります。

⑥　専門用語を理解し、解説できるようになる

　投資信託を難しいと感じたお客さまが陥るパターンは2つ。分からないから担当者に「お任せ」して依存関係が生じるパターンと、その担当者に心理的な壁を感じてしまうパターンです。そうなれば、投資の自己責任の原則が失われる、そもそも購入に至らない、といったことになりかねません。

　私たちの仕事は、お客さまがリスクを正しく理解し、投資商品を活用するためのお手伝いをすることです。そのためには、担当者自身がしっかり理解し、それをお客さまの習得度に合わせて分かりやすく説明することが

2　投資信託協会は、総コストを可視化するように運用会社に求めています。それにより、2024年4月から目論見書でも確認できるようになるでしょう。

　求められます。お客さまが理解できるように解説すれば、お客さまは安心して分からないことについて質問ができるようになります。結果として、投資信託の理解が進み、適切なリスクを許容できるようになるのです。

　多くの人が誤解しているのは、この専門用語の理解です。自分はきちんと理解していると自負していても、「それでは説明してください」と言われると、しどろもどろになる担当者は少なくありません。たとえば、以下に挙げる用語について、どれほど正しく分かりやすく説明できるでしょうか。「株式」「債券」「投資信託」「投資信託の分配金と株式の配当金の違い」「普通分配金と特別分配金の違い」「為替ヘッジ」「信託報酬」「信託財産留保額」など。忌憚のない意見をくれる先輩や同僚（あるいは家族でも良い）にお客さま役になってもらい、用語説明のロールプレイングをしてみましょう。普段から当たり前のように使用している言葉でも、改めて口に出して説明してみると、実は理解が曖昧なものが多いことに気付きます。

　また、専門用語について先輩たちがどのようにお客さまに説明しているのか聞いてみるのも良い勉強方法です。知識が十分でない現在の自分に、先輩たちの説明がどの程度納得のいくものであるのかを確認できます。これはまさに、私たち担当者の説明でお客さまがどの程度納得できるのかを体験できる良い機会です。

　実務上はこれらの用語一つひとつの意味をお客さまに説明している時間も必要もないのですが、担当者の理解度は言葉の端々や雰囲気に現れるものです。また、自分の理解が進めば、お客さまが分からない度合いなども察知できます。お客さまの理解度に合わせて、より丁寧に説明するなど臨機応変な対応ができるようになるでしょう。

　場合によっては、自分よりもお客さまの方が知識豊富で引け目を感じてしまうことがあるかもしれません。私も初めてこの業務に携わった頃は、冷や汗をかく日々でした。しかし、それは全く気にしなくてよいことに気

付きました。大切なのは、私たちが上手に説明することではなく、お客さまがどれだけ納得し理解できているかなのです。もう一つ意外な発見だったのは、投資に詳しいお客さまでも、工夫した説明を受けることで、投資への理解をさらに深めていると感じることも多くあったことです。

[7] 日々の情報収集

　投資商品は常に相場の変動にさらされています。相場変動と上手に付き合っていくには、情報を常に長期的な視座で捉えることが大切です。長期的な動向を把握するのに役立つ情報を大切にし、短期的な意味合いしか持たないものは気にしないのが良いでしょう。それは、ニューヨークダウやS&P500の長期チャートを確認すれば分かります。戦争やオイルショックなどの出来事によって一時的に経済が悪化することがあっても、長期的にみれば経済は拡大を続けています。眼前の嵐によって海面が激しく波立っていようとも、深海には緩やかに動く一定の流れがあると思えば良いでしょう。長期投資とは、この経済の大きな底流に乗ることであるとお客さまにもお伝えしています。

　日々の情報収集の方法は無数にあると思いますが、最低限これだけは必須というものを3点、役割と共に挙げます。

　① 日経新聞：最新のニュース取得
　② 投資信託の月次レポート：先月の運用状況の把握
　③ インターネット情報：詳しく知りたい情報を検索

　最近は日経新聞離れが目立ちますが、筆者は日経新聞の購読を推奨しています。日経新聞等のニュースは短期的な視野によるものがとても多く、その情報に一喜一憂してはいけません。ですから「日々の変動はノイズです」とお客さまにお伝えしています。では短期情報が中心の日経新聞を読

まなくてよいかというと、そうではありません。お客さまがいくら長期投資を目的としているとしても、プロの金融人としては最新の相場変動や経済状況を的確に伝えていきたいものです。投信の月次レポートでは情報が先月のものですし、ネットニュースはピンポイントの情報を探すには適していますが、広い視野で経済全体の流れを追うのには適していません。世界経済は、各国の政治や企業の動向など実に様々な事象が影響し合って変化します。日々、新聞から得られる情報を継続的に定点観測することが大切です。お客さまには、情報を長期的な時間軸で捉え直してご案内しましょう。

　自金融機関のラインナップ、特にお客さまが保有している商品の月次レポートは、毎月欠かさず確認し、運用状況を把握しておきます。低コストインデックスファンドは月次レポートが薄く、ほとんど情報がありません。その場合には運用報告書を読んで補い、同等商品の月次レポートを参考にしてください。特に同じマザーファンドを使用している商品や同じベンチマークの商品があれば、そちらから情報を取得します。余裕があれば、自金融機関のラインナップ以外のレポートにも手を広げてみましょう。各運用会社の運用担当者のコメント（先月の振り返りと今後の見通し）を読んでおくと勉強になります。相場に大きく変動があると、各運用会社がお客さま向けに臨時でレポートを出したりしますのでそれも参考になります。

　各種媒体から情報収集する際に意識したいポイントは、事実を捉えるということです。そこに書かれていることが、客観的な事実なのか、それとも誰かの解釈や予想なのかを常に意識しましょう。誰かの予想なのであれば、どのような立場の人が述べているのか、どのくらいの時間軸を想定しているのかによって、どう捉えるべきかが異なるため取扱いには注意を要します。まずは客観的事実を拾うことに注力しましょう。

もう一つのポイントは、変化の値は常に率で見るということです。たとえば「日経平均株価1,000円暴落」という見出しの場合、日経平均株価が13,000円なら1,000円は約7.7%ですが、28,000円であれば1,000円は約3.6%です。同じ1,000円の変動幅でも、市場におけるインパクトは倍違います。

　新聞からの情報収集を身につけるために、職場で日経新聞を読んでいる先輩に「日経新聞の読み合わせ」をお願いしてみてはいかがでしょうか。筆者は若手職員からの依頼がきっかけで、毎朝の新聞読み合わせを約7年間行っていましたが、その朝練はまるで部活のように楽しいものでした。

8　自分で投資商品を保有する

　デパートの洋服売り場では、販売員は自社ブランドの服を着ています。コスメ売り場でも、店員さんは自社製品を使用して化粧をしています。街のケーキ屋さんも自分の作ったお菓子を食べたことがない、ということはないはずです。

　読者の皆様も自金融機関で資産運用をしてみましょう。自金融機関の商品を購入すると、急に視界が開けます。自金融機関のラインナップの長所や短所、投資関連の書類がいつどのように送られてくるのかなど、多くの気づきがあるはずです。それこそまさに、お客さまの立場に立つということではないでしょうか。

　筆者はお客さまに購入していただいた商品をほぼ全て自分で購入し保有しました。保有商品数の累計は20本を超えていると思います。自分の資金を投資するのですから、それはもう自分としては一大事なのです。「何の商品を買おうかしら。先輩は何を買いますか。」などと同僚にも聞きまわって、みんな当たり前のように購入するという雰囲気を作ることも心掛けました。送られてくる運用報告書も隅々まで読みましたし、日々の変動

要因を把握するための情報収集にも力が入りました。お客さまへの説明する必要性があると同時に、自分事でもあるためです。

　独立した現在は、保有本数は減らしましたが、当時お客さまにご案内したつみたてNISAは筆者も継続して保有しています。もっと手数料の安い他社へ移すわけにはいきません。含み損が消えないハイリスク商品も自分への戒めとして保有し続けています。

　独立後に聞いた、ある運用会社のお客さま(受益者)の話が印象的でした。

　「その運用会社の社員や社長が自社の運用商品を保有していると聞いている。自分と同じ商品を保有しているということが心強い」

　在職当時はお客さまに対して「同じ商品を保有しています」とアピールしたことはありませんでしたが、販売する者がお客さまと同じ商品を保有していることの意味を改めて考えさせられるご意見でした。

　筆者が自金融機関でしっかり投資信託を購入するようになったきっかけは、先輩が自金融機関で資産形成をしている投資残高を見せてくださったことです。投資をする際には、必ず自金融機関で買うことが大切です。自分もお客さまの一人になることで、商品理解が加速し、自金融機関でのラインナップからの提案を"本音"でできるようになるに違いありません。

第4節　提案する

　お客さまのことをよく知り、商品についても学びました。これで、お客さまに提案できる準備が整いました。

1　提案時の心構え

（1）お客さまは自分に合った提案を待っている

　年代別の提案方法を教えて欲しいという要望は、担当者からよく聞かれます。これに対して筆者は、年代別の投資の案内などというものはない、とお答えしています。提案は常に、投資目的や家族構成などのお客さま固有の条件に沿って考えていくものです。

　それぞれ選ぶ商品も、保有の仕方も異なります。年代別の傾向というものがあることは否定しませんが、それよりも目の前の一人ひとりのお客さまに合う金融商品を提案することが大切です。

　それを踏まえて、若年のお客さまからの「老後のための資金は、いくらくらい準備すればよいですか」という質問にどう答えるべきか考えてみてください。具体的な例をもとに検討してみましょう。図表3－6をご覧ください。

　Aさんは消費を楽しむ傾向にあり、多くの資金を必要とします。一方、Bさんの趣味嗜好は金銭的な負担が多くないように思われます。このように限られた情報だけでも、老後のために準備すべき資金額は異なることが想像できます。

図表3－6　老後のための資金準備額の考え方

Aさん 30 歳	Bさん 30 歳
・年1回は海外旅行に行く ・友人とレストラン巡りを楽しむ ・住むなら総合病院の近い交通の便が良いマンション ・憧れの高級外車を乗り回したい	・図書館に入り浸りたい ・住まいは祖父母や両親の家 ・無農薬の家庭菜園にチャレンジ ・自分の寿命と相談して保護猫を飼おう

出所：株式会社フィデューシャリー・パートナーズ

　より精度の高いアドバイスをするためには、どのような情報が必要であるかを考えてみます。図表3－6は主に趣味嗜好についてでしたが、その他にも家族構成や仕事、退職金の有無などが検討すべきポイントになります。独身であれば一人分の用意があればよく、使い方も比較的自由ですが、配偶者がいれば共働きか否か、子供は何人いるのかによって考慮すべき要素が多くなります。住居は賃貸なのか、購入するのか、または親と同居なのかによって資金需要は変わってきます。職業が分かれば、退職金や年金の制度が充実しているかどうかを推測できます。手厚い制度があれば自分で準備する額は少なくて済みますが、個人事業主の場合は充実した老後資金を望むなら自助努力による準備が必要になります。第一次産業従事者の場合には、漁協や農協から何らかの支給が期待できる場合もあります。これらの状況はその時点でのものであり、いずれの条件も変化していくものであるという認識が大切です。投資に対するリスク許容度も、状況の変化に応じて変わるということは念頭に置いておきましょう。

　以上のことを考慮に入れることではじめて、老後のための資金の準備額について検討できるのです。老後資金という多くの人に共通する課題であっても、その対策は人それぞれであることを認識し、常に「あなたのための提案」をするよう心掛けましょう。また、老後の資金については投資

を提案するだけはなく、他にも資産寿命を延ばす方法があることも提示しておきたいものです。

コラム　お客さまの資産寿命を延ばす方法

　人生100年時代というかけ声を耳にするようになって久しいですが、寿命より先にお金が尽きる不安を煽るような言葉でもあります。長生きリスクにいかに対処するかは、多くの人に関心の高い課題です。

　ところで、1,000万円の資産を1年で1,100万円にするかなり確実な方法があります。しかもリスクはほとんどありません。そんなものがあるとすれば、誰もが喜んで実行すると思いませんか。その方法とは「自らが働くこと」です。

　私たちの仕事は投資商品を売ることではありません。課題解決のためにお客さまと共に考え、必要であれば金融商品の提案をするということです。では、資産寿命を延ばす方法としては、どのようなものがあるでしょうか。取りうる手段を、金融商品にとらわれず考えてみましょう。

　イ．保有している資産内での生活設計

　ロ．投資・運用（お金に働いてもらう）

　ハ．地方への移住等、ライフスタイルの再考

　ニ．自ら働く

　ホ．資格取得等で所得アップを図る

　イ．は「希望の生活」からではなく、今あるお金でどのように暮らすかを考えます。一方、「資産寿命を延ばす方法」と聞いて、真っ先に思い浮かぶものはロ．かもしれません。資産を増やす有効な手段ですが、損失が発生する可能性もあります。あくまで手段の一つであることを忘れないようにしましょう。ハ．は発想の転換です。これまでとは違った生き方を検討してみることで、より長く資産を保つ可能性を発見できます。若年層であれば、ホ．についても検討したいところです。

　そして、すでに述べたように、ニ. の働くという有効な手段があります。投資で年間100万円の利益を出すことを考えると、元本1,000万円なら年利10％、500万円なら年利20％も必要です。それに比べれば、働いて稼ぐことのリスクの低さが分かるでしょう。また、やりがいを持って働くことは健康寿命も延ばすことになり一石二鳥です。退職後の悠々自適な生活を夢見ているお客さまに面と向かって「働きましょう」とは言いにくいのですが、お客さまの価値観を第一に優先しつつ、様々な選択肢を提示することこそ誠実な態度ではないでしょうか。

　資産寿命を延ばす手段として運用や投資を用いる場合は、その開始時期は早ければ早いほど良いでしょう。なぜなら、投資を成功させる秘訣は時間を味方につけること、すなわち長期にわたって時間分散することだからです。

　金融庁の『つみたてＮＩＳＡ早わかりガイドブック』では、以下のように記されています。「資産や地域を分散した積立投資を長期間続けることで、結果的に元本割れする可能性が低くなる傾向があります。ただし、途中で売ったり積立投資をやめてしまうと、こうした効果は弱くなります。投資信託の価格（基準価額）は上がったり下がったりしますが、こうした動きに過度に一喜一憂することなく、積立・分散投資を長期間にわたって続けることも大切です」

　長期投資は柿の木を育てることにたとえることができます。柿は8年で実をつけると言われています。芽が出てきたばかりの頃は、うれしくて水をやったりするでしょうが、4〜5年経過すると、成長を実感しにくく、まだ実も付けません。しかし、それでもじっと見守り続けます。何なら柿の木の存在を忘れてもいいのです。そして時が来れば柿は多くの実をつけるでしょう。このように、投資とは長期で育てるものであり、なるべく早く始めること、そして長く続けること、この2点が大切なのです。長い年月の中で、成長を感じられない時、風雨に耐えられそうにないときに、「柿の木が実をつけるまで一緒に待ちましょう」と言ってお客さまに寄り添うことが、対面の金融機関が提供できる付加価値だと思うのです。

高齢者と投資

投資には時間が必要だということを述べましたが、余命の短い高齢者が投資に向かないかというと、そうではありません。柿の木の例でいえば、高齢者が自分の生きているうちに実がならないかもしれない柿の木を植える行為は、決して間違ったものではありません。長生きをすれば自分も食べることができるし、そうでなくとも子や孫へ遺せば喜ばれるでしょう。自分の命の限りではなく、世代を超えた長期的な展望を持てば、高齢者も充分に合理的なリスクを取った資産運用ができます。

こうして高齢者が資産を眠らせておくことなく、運用に回すことでその資産は社会の中で活用されることになるでしょう。「お金は経済の血液」と言われます。金融に携わる者として、年配者から若年者へ、そしてさらに次の世代へとお金を循環させるお手伝いをしたいものです。

以上のことから70代、80代のお客さまにも、資産運用の案内は有効なのです。その際には、お客さま自身に投資の目的を明確に認識していただくことが非常に重要です。そうすることで、相場変動時に一時的な判断で解約することなどを回避することができ、お客さまに当初の投資目的を達成してもらえるからです。私たちがお客様と一緒に当初の目的を共有し伴走しつづける存在になればお客さまも安心して投資を継続できるでしょう。

なお、20年以上接客業務を担当した私の経験では、80歳代のお客さまのうち、投資を志向し、なおかつ認知度に問題がないであろうお客さまは100人中5人ほどでした。新規の投資をお断りするケースも少なからずあったことは書き添えておきます。

（2）セールス不要

資産形成・投資の提案営業の3ステップは「お客さまを知る」「商品を知る」「提案する」です。お客さまの情報をしっかり聞き出し、商品について熟知しているなら、提案すべき商品は自ずと決まります。したがって、

セールス方法は学ぶ必要がありません。それは医師が患者を診て治療活動を行うようなものです。そこには、セールストークなど存在しないのです。

これまでの営業活動では、「お客さま、投資初心者に人気の商品があります。ご覧になりますか」とか「社長！今日は新商品のご案内お持ちしました！」など、いきなり提案から入ることが多かったかもしれません。本書で提唱する提案営業は、そのような営業の有り様を大きく転換するものだということは、ここまで読んでいただいた皆様ならお分かりかと思います。

以前、「顧客本位であればこそ収益は上がる」との題名で講演をした際、受講者の本部職員の方から講演後にこのように話しかけられました。「金融機関を志望した際は森脇さんの言うような仕事がしたかったし、できると思いました。しかし実際に仕事を始めると本音と建て前で苦しみました。しばらく忘れていた当初の志望理由を今、思い出しました。もう一度支店配属になってお客さまに接したいです」と熱い思いを語ってくださった方がいました。

金融機関の仕事は、金融商品をただセールスすることではないのです。

（3）商品ありきではない

提案はすべからくお客さまが起点となるべきです。ときには、お客さまの方から「いい商品ある？」といったお尋ねがあるかもしれませんが、そこで売れ筋商品や話題の新商品などを持ち出すものではないのです。万人に良い商品というものはなく、お客さまに適した商品を案内する、そのためにまずはお客さまのこと教えていただくという心構えで接客をしましょう。

「皆さまにとって良い商品というものはございません。老後の資産形成のための長期投資なのか、それとも値上がりを狙って比較的すぐに解約し

て楽しみたいのか、投資に何を求めるかは人それぞれで、お客さまによって良い商品は変わります。ですので、お客さまのご要望をもう少し詳しくお聞きして商品のご案内をしたいのですが、いかがでしょうか」

　このように回答し、お客さまのことをお聞きしましょう。

（4）担当者の価値観を押し付けない

　筆者が初めて投資商品を購入したのは、資産運用アドバイスの仕事に就いてまもなくのことでした。社内の事務ルールでは最低投資金額が10万円からでしたので、事務処理の勉強も兼ねて10万円で購入しました。筆者の両親は投資をしておらず、運用アドバイスの仕事をしている筆者に、いつも口を酸っぱくして「投資は気を付けなさい」と言っていました。

　社内で親しくしていた先輩は、ご両親が当たり前のように投資をしており、先輩本人も預金なんて金利が低くてもったいないと、大きな金額で投資をしているようでした。主に自金融機関の投資信託を保有しているということを教えてくれました。

　ある日、その先輩と二人で駅の構内の宝くじ売り場の前を通ったとき、先輩が宝くじを買うと言うものですから、普段買わない筆者も触発されて一緒に買うことにしました。3,000円バラで注文する筆者の隣のブースで、先輩は「30枚連番で」と注文しており、感覚と経験の違いを感じました。9,000円も勿体なくないか大真面目に聞く筆者に、先輩は「いつも30枚連番と決めているからね。当てようと思ったら連番で狙わないとね。」と答えたのです。私のリスク許容度は3,000円、先輩のリスク許容度は9,000円。宝くじに対する価値観や、リスク許容度の違いが鮮明でした。

　このとき、先輩が普段からお客さまに数百万円、数千万円単位で投資の案内をしている理由が分かりました。先輩自身も大きな金額で投資し、リスク許容度が大きいのです。一方、筆者は投資をおっかなびっくり始めた

ものですから、お客さまのリスク許容度よりも自分のリスク許容度に合わせて接客していたことに気付きました。翌日から筆者の提案スタイルが一変したことは言うまでもありません。

　ちなみに、宝くじは投機やゲームであって投資ではないのですが、お客さまの価値観を担当者が決めつけてはいけないということを思い知ったエピソードです。お客さまは十人十色、資産背景や年齢も違えば、思想も様々です。お客さまのご要望にお応えするに自分の好みは関係ありません。良い提案とは、お客さまに選択肢と判断材料を提示することなのです。

（5）リスク許容度をどう考えるか

　お客さまに合った提案を考えるときに、必ず確認しなければならないことの一つがお客さまのリスク許容度です。リスクとはブレのことです。投資商品はその価格が上にも下にも変動します。投資商品を保有する上では、この価格のブレとどう付き合っていくのかが決定的に重要になります。

　適合性原則という法的な規制のあるところですので、どの金融機関でも投資商品を販売する際には、お客さまのリスク許容度を必ず確認しているはずです。ヒアリングシートの類で聴取したお客さまのリスク許容度を記録し、それに合致するリスク程度の商品を案内するのが適切に思われるかもしれません。すなわち、元本保証を希望したお客さまには投資商品は案内せず、リスクを取れると申告したお客さまには高リスク商品を案内するのが良い…。しかし、そのような画一的な提案の仕方は、顧客本位の観点から望ましいものであるとは言えない、と筆者は考えています。

　リスクが取れると自己申告したお客さまでも、認知症の可能性のある方やリスクを正しく理解していない方には、リスク商品を販売してはいけないことは当然のことです。反対に、ヒアリングシートで元本保証にチェックをするお客さまであっても、必ずしも投資商品を案内すべきではないと

は言えないのです。

　「老後のお金が心配だけど、投資をするのも不安」というお客さまがいたとします（実際よくいます）。そのようなお客さまにヒアリングシートを記入いただくと、ほぼ間違いなく「元本保証が良い」にチェックを入れるでしょう。しかし、ここでやるべきことは丁寧なヒアリングです。「老後が心配」という言葉から、なぜ心配なのかを具体的にお聞きします。さらに「投資は不安」という発言についても、その理由が何なのかを掘り下げて質問するのです。先入観による漠然とした不安なのかもしれないし、他の金融機関で損失が出ているのかもしれません。家族や友人が損をしたのを聞いたり、本で読んだりしたのかもしれません。自分が投資で損をした経験があるならば、その原因は何だったのでしょうか。担当者の言いなりだった、バブルの頃によく分からず買っていた、などの事情があるかもしれません。投資に対する不安の原因は様々でしょう。そこで、老後の資金というニーズを汲み取りつつ、個々の事情に合わせて提案することにより、お客さま自身が不安を乗り越えて投資の世界に入ってくることは少なくないのです。

　また、お客さまのリスク許容度が低いからといって、高リスク商品の提案をすべきではないというわけでもありません。たとえば、安定志向のお客さまに対して資産の大部分を低リスクファンドで運用する提案より高リスクの株式ファンドを少額投資する提案の方が適している可能性は十分あるはずです。その際にはもちろん、当該商品のリスクを十分に説明しますが、普段は安定志向のお客さまがリスクを承知で積極的に投資を楽しむ様子を目にする機会が何度もありました。金融機関側で記録したお客さまのリスク許容度と商品のリスク度とを杓子定規に当てはめることが顧客本位と言えるでしょうか。

　さらにもう一つ意識してほしいことは、リスク許容度は変化し続けると

いうことです。筆者はこれまで何千人というお客さまを担当してきました。お客さまを見続け、お客さまのお役に立てるように考え続けた結果、一度いただいたリスク許容度をそのお客さまの変わらぬ属性として使い続けることには違和感があり、頻繁にその記録を変更してきました。リスク許容度の低下も上昇もありました。（実務的には投資に慣れてくると上がることの方が多かったです）一般的にリスク許容度が変化するのは、就職・転職、昇給・減給、転居、起業、倒産、結婚・離婚、出産、病気など生活に変化が生じたときです。その他にも、車や不動産などの高価な買い物を検討し始めたことや趣味嗜好の変化、親族の状況なども影響します。リスク許容度が変われば、当然提案の内容も変わってきます。大切なのは、常にいま目の前にいるお客さまに意識を向けることなのです。

2　提案営業の5つのステップ

　ここまで提案営業をするうえで知っておいてほしい考え方を紹介してきました。ここからはいよいよ提案の実践に即した解説を行います。筆者はこれを5つのステップに分けて考えています。
　①観察
　②推測
　③お客さまに合った声かけ
　④商品提案
　⑤印象付け
　最適な提案を行うために、まずはお客さまのニーズを探ります。そのためには、お客さまをよく観察することが肝要です。観察によって得られた情報をもとに、お客さまの考えや置かれている状況などを推測します。推測をもとに行うのが、お客さまに合った声かけです。より深い情報を引き

出したり、こちらから説明したりするきっかけを作るのです。こうしてお客さまの潜在ニーズを把握することができれば、商品提案へとつながります。

　注意したいのは、お客さまを知る活動の段階では商品提案を前提としないことです。自金融機関のあらゆる商品やサービスを活用し、いかにお客さまにのお役に立つのかを考え、実行することが私たち金融機関職員の仕事です。家族や友人などと接するように親身になってお客さまを観察するところから始めましょう。

（1）観察

　たとえば、お客さまに「ティッシュをください」と言われた場合を考えてみます。即座にティッシュを差し上げればいいのですが、よくよくお客さまを観察すると、指を怪我しているかもしれないし、お召し物に飲み物をこぼしてしまったのかもしれません。お客さまの要望は「ティッシュ」ですが、絆創膏やタオルを差し上げた方が役立つ場合が考えられます。

　他の例を挙げましょう。あなたは右の腰が痛くなり病院に行きました。それを医師に伝えたところ、ただ「痛いところに湿布貼ってください」と言われておしまい、ということはないでしょう。他に具合が悪いところを聞かれたり、レントゲン検査をしたりするでしょう。このように、多くの場合、発される言葉は課題や状況のごく一部を示しているに過ぎず、本質や全体像をとらえるためには、その理由や背景を考えながら観察をする必要があります。

　金融機関の業務でも同様に考えてみましょう。具体例を挙げます。定期預金や投資信託の契約が複数あるお客さまが「旅行に行くので契約番号1番の100万円の定期預金を解約してください」と申し出たとします。ご依頼どおりに解約手続きを進めたくなるところですが、観察眼を働かせてみ

ましょう。すると、指定された1番の契約は複数ある定期預金のうち最も少額であることに気づきました。お客さまが発した「旅行のため」という目的を考えると、いま必要なのは100万円よりずっと少額（たとえば20万円程度）であるかもしれません。ここで、お客さまは定期預金の一部解約ができることを知らないために、最も少額である契約番号1番の解約を依頼された可能性に思い至ります。であれば、解約するものが1番の定期預金である必要はありません。仮に1番より低金利の300万円の定期預金があれば、そちらを20万円分のみ一部解約するほうがお客さまにとって有利であり、自金融機関にとっても80万円多く定期預金として残ります。また、解約希望の定期が5年定期で満期が1ヵ月以内に到達するならば、普通預金から貸し越ししたほうが有利になる可能性もあります。その他にも、投資信託の一部解約も考えられます。

　このように、20万円必要というニーズに対してお応えする方法は複数ありますが、お客さまはその手段を全部は知らずに依頼されることが多いのです。私たちはより適した手段を提供できるよう、よく観察して潜在ニーズを汲み取ることが求められます。

　観察というのは何も、対面した際のお客さまの様子を見ることだけではありません。お客さまの人生は通帳や取引内容から見える、とも言われています。金融機関はお客さまの住所も名前も電話番号も、あらゆる情報を持っています。飲食店経営のお客さまなどからしたら、喉から手が出るほど欲しい顧客情報をすでに持っているところからスタートできるのです。

（2）推測

　お客さまをつぶさに観察すれば、様々な推測が成り立ちます。前述の例でも、旅行というキーワードと最少額の定期預金を指定している事実から、一部解約を提案する方が適している可能性を推測したのでした。ここ

ではさらに深く推測を働かせることで、適切な声かけへとつなげる例を紹介します。

初対面のビジネススーツを着用した50歳代男性。ご用件は、定期預金500万円の途中解約。普通預金の約100万円の当座貸越を埋める資金に充て、残り400万円は現金で出金を希望。

担当者としては、マイナス分を埋めるのは仕方がないけれど、残り400万円を全額現金での出金は気になる、というのが正直な気持ちです。使い道があるのか、それとも他行に預け替えるだけだろうか…使途が特に決まってないのであれば、できれば自金融機関に残していただきたいと考えます。だからといって「残りのご資金の使い道はもうお決まりですか」と直接的に質問する[3]ことは避けたいところです。なぜなら、現金は持って帰るというお客さまのご希望を阻害するような話しかけになるからです。これではお客さまは、何かセールスされると思って心を閉ざしてしまうでしょう。こちらが知りたいことを聞くのではなく、まずはお客さまの求めているものを先に提供します。ご依頼の手続を承りながら、注意深く観察と推測を行いましょう。

よく観察することで、以下のようなことに気が付いたとします。満期まであと2週間。マイナスは4年間にわたり断続的に発生しており最近は動きがない。口座開設年月日はご本人が未成年のとき。500万円の定期預金は通帳に書ききれないくらい長期間にわたり自動継続を繰り返している。急いでいるご様子。一般的な会社員風で、生活に困った様子はなさそう…。

ここから次のような推測ができます。この口座はご本人（名義人）が子どもの頃から親が預金していたものと思われる。継続的なATMからの引き出しは、お客さまの年齢から考えて子どもの学費の可能性がある。普段

---

3 若手のうちは、どんどんお客さまに質問していくのも可です。お客さまは若手社員に対しては比較的警戒感が少なく、あっさりお答えいただける場合も多いでしょう。

来店できないため普通預金からの貸し越しになった可能性がある。満期通知を受けて来店したが、満期日より自分の来店できる日程を優先したのかもしれない。残りの400万円には使用予定はなく、普段利用している金融機関に移す予定だろうか。銀行には普段来ないようだ…。

　これらの推測をさらに展開させて考えていきます。定期預金を今解約して100万円の貸越額に充填すると貸越利息はこれ以上かからないが満期の利息は受取れない。一方、2週間後の満期を待てば、貸越利息はかさむが受取れる利息もある。どちらがお客さまにとって有利だろう。とはいえ、早く貸越を清算したい気持ちはあるだろう。400万円の使い道はなく、普段使いとしてより便利な銀行に移したいだけではないか。忙しそうだから、今日一日で手続きを済ませたいだろう。老後の資産形成に興味はあるだろうが、あえてそれに費やす時間はないかもしれない…。

　ポイントはお客さまの痛み（不安や不便さ）がどこにあるのかを考えるということです。このお客さまの場合は、貸越利息がかかっていることへの懸念と、自金融機関は利用（来店）しにくいという不便さがあるのではないか、ということが痛みとして想像できます。

　ここまで推測できたら、あとはどのように話しかけるかです。

（3）お客さまに合った声かけ

　先ほどの例のお客さまとの接客の続きを見ていきましょう。まずはお客さまの要望に沿った手続きの準備に入ります。解約を希望しているのですから、こちらの都合で引き留めるわけにはいきません。途中解約に必要な書類等を案内して手続きを進めます。こうすることで、自分の申し出た手続きを進めてくれるという安心感を持っていただきます。その手続きの途中で、推測した痛みを解消すべく以下のように話しかけてみます。

　「本日、解約してマイナスを埋める場合との比較のため、満期まで保有

した場合の定期預金利息と貸越利息の差額を計算してみましょうか。お客さまは本日しかお時間とれませんよね。今日一日で手続きが済む方法でご案内します」

　すると、お客さまは「自分の要望に沿う手続きの中で、有利な方法を案内してくれる」と感じ、さらに安心感が増します。仮にお客さまがすぐに現金を必要としているのであれば、「でも、1週間後には現金が必要なのです」などと具体的な資金需要について語ってくれます。その場合には引き留めるのは難しいことが分かりますから、粛々と事務手続きを完了させましょう。もし、こちらの話しかけに対し「今日一日で手続きが済むなら2週間後の満期を待っても良いです」となれば、この400万円は残していただける可能性が出てきます。推測した痛みをもとにさらに声かけを続けます。

　「2週間後でよろしいですか。普段、当社を頻繁にご利用なさらない理由はやはり何かしらご不便がありますか。便利の良い金融機関さんへ移すことをお考えですか」などと聞いていきます。お客さまは自分の提供している情報を元にした問いかけであれば違和感がありません。「そう、ここの銀行は親が取引していてね。僕は実際使ってないからね。現金を急いでいるわけではないけど今日しか来店できないからね」など質問に対する回答をいただける可能性は高くなります。

　このように、お客さまの真のニーズを聞き出すためには、まず先にお客さまの役に立つ、あるいは痛みを取り除く提案をしましょう。「この担当者は自分の要望を聞いてくれる。金融機関の都合を優先した対応ではなさそうだ」という信頼感を持っていただくことではじめて「この人に話を聞いてみたい」と思うのです。

　一般に、会社員の男性は金融機関職員との折衝に慣れておらず、また普段は仕事や家事で忙しく、金融の知識を取得する時間はあまりないと推測

されます。所得の多寡に関係なく、本業に没頭している方は、お金のことは考える優先順位が低い場合が少なくありません。しかし、優先順位が低いとはいえ老後の資産を全く気にしていないというわけでもないでしょう。そのあたりを的確に質問してみましょう。

「普段、平日のお仕事であれば今日の来店は貴重ですよね。老後の資産形成についても税優遇の制度も整いつつあります。制度や商品について確認していかれますか。お時間がございましたら20分くらいでご説明いたしましょうか」

「今、時間大丈夫ですか」と話しかけるより「20分ほど大丈夫ですか」と時間の目安を伝えることにより、購入までさせるのではないかという不安は軽減され、心理的なハードルは下がります。そして、約束の時間が来たら「20分経過しました。概要のご説明は以上です。もしこの後お時間がございましたら、もう少し詳しくご説明いたしますが、いかがしますか」などと段階を踏んで話を進めてみましょう。ここまでの経緯から、お客さまは担当者の態度が誠実であるという印象を持つので、話を聞いてみたいと思うことが多いはずです。筆者の経験からも延長して説明を求める方が多くいました。

こうして、観察・推測したことをもとに声かけを工夫することによって、資産形成の提案への糸口が見えてきます。この例は窓口に来店されたお客さまですが、外回りで担当しているお客さまに対しても基本姿勢は同じです。

（4）商品提案

観察、推測、お客さまに合った声かけを経て、お客さまのニーズを探り当てることができました。ここで、投資経験のないお客さまには、投資とはどのようなものなのかを説明する段階に入ります。すでに投資資産をお持ちのお客さまであれば、現在保有している商品を考慮に入れた資産のバ

ランスの取り方についてお話しします。これにはいくつかのアプローチ方法がありますので、後ほど詳しく解説します。

　そして、投資に対して前向きな意欲を確認できたら、商品選択の入り口まで来たことになります。あとは、お客さまのリスク許容度や投資目的に適した商品を提示するだけです。商品の知識が十分に備わっていれば、お客さまに提案すべき商品は自ずと絞られてくるものです。

　提示する商品の選定は適合性原則に沿って行うわけですが、どのような商品がお客さまに適合しているのかはそれこそケースバイケースです。提案パターンはお客さまの数だけあるものです。ここでは考えるヒントとして、一つの例を見てみましょう。

　60歳男性のお客さまが、満期を迎えた1,000万円の定期預金を投資信託で運用しようと考えています。

お客さま「この1,000万円は使わない資金なので運用しようと思います。投資は初めてなのですが何か良い商品ありますか」

担 当 者「お客さまはこの1,000万円を運用して得られた利益は、どのように使っていく予定なのですか」

お客さま「人生100年時代というし、今後の年金生活にプラスアルファの配当収入のようなものがあればいいなと思っています」

担 当 者「定期預金では減る一方ですものね。投資で定期的な収入を得られる商品は主に3つあります。株式の配当金、不動産投資信託の家賃収入、債券投資の金利です。それぞれ特徴があり、リスクも違います。今回の1,000万円の投資資金は、資産全体の何％程にあたるかは把握されているかと思います。すぐに使わないご資金ということで元本の変動に耐えられるということですね」

図表3－7　お金の色分け

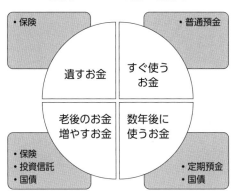

出所：株式会社フィデューシャリー・パートナーズ

図表3－8　アセットアロケーション

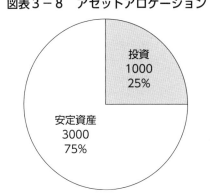

出所：株式会社フィデューシャリー・パートナーズ

　ここで、図表3－7を書いてお金の役割の確認し、続けて図表3－8を書き、アセットアロケーションの確認をします。

担 当 者「先ほどのお客さま情報シートで、資産残高は3,000～5,000万
　　　　　円の部分にチェックをしていただきました。1,000万円の投資で

あれば、資産全体の約20〜30%が投資になります。将来使用予定のないご資金の配分が増えれば、投資額を増やしていくことを検討しても良いかと思います」

お客さま「この1,000万円は投資に失敗してゼロになったら困りますが、ある程度のマイナスは覚悟しています」

担　当　者「そうですね。価格変動のリスクですが、商品によってその特徴が違います。例えば株式、不動産投資信託、債券にはこのような特徴があります。（本章第3節参照）どの資産にご興味がありますか」

　ここまでの会話は、多くの方にとって共通のものです。ここから先はお客さまによってそれぞれ特徴が出るところです。

①お客さまAの場合

　「株式投資で変動を楽しむよりも利息収入が少しあれば良いくらいなので、為替リスクがあっても海外の高金利な債券を選ぼうと思います」

②お客さまBの場合

　「株式投資中心で考えたいですね。値上がり部分があったら一部解約も検討できますよね。日本か海外かどの国に投資するか迷いますね」

③お客さまCの場合

　「日本の不動産投資信託にします。為替リスクもないし。株式投資で元本の上昇を目指すより家賃収入を得ることに魅力を感じました」

④お客さまDの場合

　「迷いますね、それぞれ特徴があっていいですね。3つとも買います」

担　当　者「それでは実際の商品をご紹介いたしますね。それぞれの資産に複数の商品がございますので」

　これがお客さまによるリスク許容度の違いを確認し、商品選定をする会話例の一部です。年齢や性別などの属性、投資目的、そして資産背景がほぼ同じであったとしても、選ぶ商品はお客さまの知識や経験、価値観によって様々です。このほか、他の金融機関で投資をしている場合には、それを考慮したご案内になるでしょう。この例からも分かるように、お客さまによってご案内する商品は異なってくるのです。どのようなお客さまに対しても選択肢を提示できるように、引出しを増やしておくことが大切です。

（5）印象付け

　印象付けとは、担当者である自分のことを良い印象とともに覚えていただく活動のことです。上手に印象付けを行うことがきれば、お客さまは金融機関で何か相談したいことが発生したときに、他行の担当者ではなくあなた（自金融機関）に連絡を入れたくなるものです。提案時に迷っていたお客さまが、その後契約をする気持ちになったときにあなたの接客を希望する、ということも期待できます。提案の結果、契約に至る場合もそうでない場合も、最後の印象付けまで大切にした接客を心掛けてください。

　印象付けは、商品提案を行わない場合でも、多くのお客さまに積極的に行っていただきたいものです。それは、ある種のCMです。なぜCMが大切なのか、私がそれを実感したエピソードをご紹介します。

　お客さまから有効な情報をいかにして聞き出すかを試行錯誤していたある日の夜、浴槽にお湯をはっている最中にうっかり眠ってしまい、朝までお湯を出しっぱなしにするという失敗をしてしまいました。安全装置が作動してガスが停止されてしまい、お湯が一切でないという事態が起こりました。明け方ですし、一人暮らしでしたので誰かに相談もできません。今日は会社を休んで修理してもらわなければお風呂に入れないかもしれない、でも仕事の都合で今日は休めない。慌てふためいていたときにふと冷

蔵庫に貼っていたガス工事会社のマグネット広告を思い出しました。確認してみると「24時間電話OK」と書いているではありませんか。早速電話して、指示を受け、安全装置のロックを解除することで復旧できました。朝からしっかり熱いシャワーを浴びて何事もなかったかのように出勤できたわけですが、この時にマグネット広告の威力を思い知ったのでした。ガスのトラブルは数年に一度あるかないかの出来事ですが、まさにそのときに思い出してもらうためのCMなのです。そしてこれは自分の仕事にも関係すると気付きました。

　お客さまのお金のご用事は人生でそう何度もありません。いつか来る必要なそのときに、私（自金融機関）を思い出していただきたいのです。お客さま個人と金融機関をつなぐ役割は担当者しかできない仕事です。であれば、私がCMと同じ役割を果たすべきなのではないか、そう考えるようになりました。

　そこから活動は一変します。自金融機関のお客さま囲い込みサービスの宣伝を開始しました。囲い込みサービスとは、取引残高によってステータスを付与し、金利上乗せや手数料割引、相談サービスなど特典を提供するというサービスです。それまでは規定の残高等に達したら、事務ルールとして入会の手続きをするという程度の認識でした。それ以降、ほぼ全員のお客さまに、「あと○○円で入会できます」「あと○○円でステージが上がります」と伝えるようになりました。そして、数ある特典のうち金利上乗せ、手数料割引、そして相続・不動産関連の相談サービスがあるということを数十秒でご案内するという活動を始めました。金利と手数料は誰でもメリットを理解してもらえる特典で、資金をお持ちいただきたい、すなわち自金融機関との関係を強くしていただきたいというストレートな宣伝です。相続や不動産のサービスについては、いざというときに思い出していただくことを期待して宣伝していました。

　特に相続は将来必ず発生する出来事ですので、いまお客さまのニーズが
なくても自金融機関で相談できることを是非とも知っておいていただく必
要があります。また、接客する全てのお客さまの通帳ケースにメッセージ
付きの名刺を入れたり、パンフレットにメッセージ付きの名刺をホチキス
で止めてお渡したりするなど、ニーズが発生した際にすぐに連絡をいただ
けるように工夫していました。

　通常、お客さまは金融機関の担当者に対して、「○○銀行さん」などと
呼んだりすることもあります。これを「森脇さん」と担当者個人の名前で
呼んでいただけるようになることが理想です。「○○銀行さん」という認
識では、金融機関の職員であれば誰でも良いということですから、自金融
機関に来てくだされば御の字で、他金融機関の担当者に行ってしまわれる
場合もあるのです。ニーズが発生したときに真っ先に思い出してもらえる
ように、いざというときに「こんなサービスがあるとは知らなかった」と
か「相談できるとは思わなかった」などと言われないように、担当者であ
るあなたと自金融機関のサービスを印象付けましょう。

③　投資ニーズ喚起

　観察、推測、そしてお客さまに合った声かけによって、老後資金を準備
したいというニーズを引出すことができたならば、お客さまに投資を案内
するときです。投資経験のないお客さまには投資の啓蒙を行います。ここで
は、筆者が実践している投資ニーズを喚起するアプローチをご紹介します。

（1）お金の色分けによるアプローチ

　投資経験のないお客さまに、投資の世界に足を踏み入れていただくため
のアプローチとして、最も良く用いたのがお金の色分けです。お持ちの資

産を、すぐ使うお金、数年後に使うお金、老後のお金、遺すお金の４つに分類するのです（前掲図表３−７参照）。使う予定のあるお金であればリスクは取れませんが、当面使わない老後のための資金ならば長期分散のメリットを活かしてリスクを取ることができます。お金を色分けして考えることで、それまで投資に対して漠然とした不安を抱いていたお客さまも、リスクを管理できるものとしてイメージでき、前向きに検討できるようになります。

　これを説明する方法について様々試した結果、筆者は投資啓蒙のパンフレットを手放すことにしました。代わりに、その場で簡単な円グラフを手書きするようにしていました。手書きの図で説明している間、お客さまは概ね好反応で前のめりになります。しっかり聞いてくださるし、質問も積極的にしてくださいます。パンフレットで説明するときとの姿勢の変化が顕著でした。そして「投資をしてみたい。試してみよう」と前向きに投資の世界に入って来る方が増えました。そして、驚いたことに、既存のパンフレットよりも筆者がＡ４のコピー用紙に即席で書いた円グラフを持ち帰りたいというお客さまがとても多かったのです。一見したところ、綺麗にデザインされたパンフレットの図の方が良さそうに思えるのですが、担当者が手を動かし独自の工夫を凝らしながら説明する方がずっと印象に残るようです。

　では、お金の色分けによる投資ニーズ喚起の具体的な会話例をみてみましょう。前項で解説した提案営業の５ステップ（①観察、②推測、③お客さまに合った声かけ、④商品提案、⑤印象付け）を意識しながら読んでください。

お客さま「定期預金の継続記帳をお願いします」
担 当 者「ご継続の記帳ですね。ありがとうございます。今は１年定期に

　　　　なっておりますが、変更なさいますか。１年後に使い道などがあ
　　　　るご資金ですか」

お客さま「いいえ、特に使い道がある資金ではないので、何年でもいいの
　　　　ですが」

担 当 者「ありがとうございます。当社の定期預金は最長５年になります。
　　　　何年でもよろしいということですが、このご資金は老後の生活費
　　　　などのためにお預け下さっているのですか」

お客さま「そうです。老後のための資金です」

担 当 者「最長の５年定期の金利はこちらです。しかし金利は１年も５年
　　　　もほとんど変わらないのが実状です。１年更新で今後の金利上昇
　　　　を期待してみるか、あるいは継続手続きの頻度が少ないほうがよ
　　　　ろしければ３年か５年ですね」

お客さま「日本の金利は上がるか分かりませんよね。まあ、とりあえず今
　　　　回は１年にしておきましょう」

担 当 者「ありがとうございます。それでは定期預金の伝票をご用意いた
　　　　します。それにしても金利が低い中、長年お預け下さりありがと
　　　　うございます」

　そして、伝票を手元に用意します。ここまでが、ほぼ全員のお客さまに
共通する基本的の会話の展開です。

　ポイントは以下の３点です。お客さまが希望している定期預金継続のた
めの必要なやりとりをすること、資金の使い道があるのかどうかを自然に
聞くこと、そしてご継続いただけることに対するお礼を述べることです。

　担当者としては、預貯金に使用予定があるか否か、預貯金以外の提案が
考えられるのかが知りたいのです。だからといって、こちらの都合でお客
さまがご希望されている手続きを進めようとせずに資金の使い道を尋ねる

と、お客さまはセールスされることを警戒して、使い道があると答えるか
もしれません。そうすると、そこで提案終了になってしまいます。まずは
ご依頼の手続きを進行する姿勢を取り、定期預金の年数変更の話題を出す
ことで使用予定をお聞きします。その結果、この預貯金は老後の生活費で
あると、お客さまに心理的な負荷をかけず自然な流れで教えていただけま
した。このようにして、老後の資金であり、今すぐ使わないという情報を
いただいたうえで提案に入っていきます。

　前掲の図表３－７を書きながら説明します。

担　当　者「このご資金は老後のためとうかがいました。生活費や近い未来
　　　　　　に使う予定があるかも知れないお金は元本保証の定期預金でない
　　　　　　といけませんが、老後の資金や遺す資金など遠い未来に使用予定
　　　　　　がくるお金も全て元本保証の定期にすると、どうしても金利が低
　　　　　　くなってしまいます。老後などの遠い未来に使用するお金であれ
　　　　　　ば運用で増やすという方法もありますし、保険で備えるという方
　　　　　　法もありますが、お客さまは何か老後の対策などなされています
　　　　　　か」

お客さま「ああ、なるほど。確かに今は他行も全部定期預金と普通預金に
　　　　　　なっていますね。しかし元本保証でないものにして、老後のお金
　　　　　　が減ってしまったら困りますよね」

担　当　者「たとえば、日経平均株価などをイメージしていただけると分か
　　　　　　りやすいのですが、毎日上がったり下がったりしていますよね。
　　　　　　もちろん投資を始めた翌日に下がることもあれば上がることもあ
　　　　　　るのですが（図表３－９を書き加えていく）、ただ下落しっぱな
　　　　　　し、または上がりっぱなし、ということは考えにくいです。上がっ
　　　　　　たら下がる、下がったら上がる値動きを繰り返しているのが市場

図表3−9　手書きの相場変動図

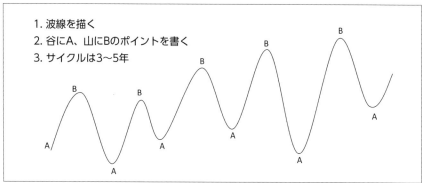

1. 波線を描く
2. 谷にA、山にBのポイントを書く
3. サイクルは3〜5年

出所：株式会社フィデューシャリー・パートナーズ

の動きです。購入した時点よりも安くなっているときに解約しては元本が割れてしまいます。ですので、5年以内に使用予定がある資金は投資に向かないと思います。長期で上昇してくるのを待てるのでしたら、購入金額よりも高いところで解約をすれば良いという結構簡単な話なのです。お客さまはこのお金が老後のためということですから、10年、20年という時間を味方につけた長期投資が可能ということです」

お客さま「なるほど…」

担 当 者「投資商品には価格の変動が大きいものと、小さいものがありますので、お客さまのリスク許容度に合わせてお選びいただいています。実際の商品をいくつかご覧になってみると、投資のイメージがかなりわかりやすいと思います。20分程度でご紹介できますが、ご覧になっていかれますか」

お客さま「20分程度なら大丈夫ですのでお願いします」

担 当 者「かしこまりました。では早速ご案内いたしますが、ここからは元本保証のない商品を案内いたしますので、預貯金とは違うとい

う意味もあり、商品案内の記録としてこちらの情報シートのご記入にご協力ください。これは契約するかどうかに関係ございませんのでご安心ください」

そして商品案内を20分で終了します。

担　当　者「お時間になりました。商品の概要は以上ですが、いかがでしたか」

これに対して、お客さまの反応はおよそ3パターンが想定されます。

①「検討しておきます。今日は定期預金を契約します」

②「このままもう少し話を聞かせてください」

③「今日はもう時間がないけど、後日もう一度話を聞きたいです」

それぞれ以下のように応じると良いでしょう。

【①の場合】

「かしこまりました」と定期預金の手続きを進めます。最後は印象付けが大切です。名刺にメッセージを書いてお渡しします。いつか投資に興味をお持ちいただいた際や他のご用事があるときに連絡をくださるかもしれません。お客さまが少しでも投資に興味がありそうであれば、その情報はしっかり記録しておきます。

【②の場合】

「かしこまりました。本日はお時間どのくらいございますか」と先に予定をお聞きします。そのとき担当者の予定が詰まっていることあるので、その時ははっきり「私は○○時まで時間があります。もしご契約となれば、説明後に○分事務処理の時間をいただくことになります。お客さまが本日しかお時間が取れないようであれば、説明のスピードを上げます。もし再度お目にかかれるようであれば、この後は追加の説明のみにして、契約したいと感じれば後日改めて面談のお約束をさせていただきます」などと、担当者自身の予定もしっかりお伝えし、次回の予約も取り付け

ましょう。

【③の場合】

「かしこまりました。次にお目にかかれるのはいつになりますか」まず
はお客さまの予定をお聞きしてみましょう。次回の面談時にご用意いた
だくべき書類もしっかりお伝えしましょう。

コラム　　**提案・フォロー時に何度も使う魔法の図**

　図表3−9は私が何千回と書いた図です。しつこく繰返し書いていまし
た。しかも同じお客さまに何度も書くことも珍しくありませんでした。こ
の図を書くことにより、お客さまを長期投資へと導くことができます。特
に、相場下落時に慌てて解約をしなくなること観面です。

　では、その使い方をご紹介しましょう。白いA4の紙を用意し、波線を
書きます。谷ポイントをA、山ポイントをBとします。そしてお客さまに
お聞きするのです。

投資購入時（つみたてNISAなど定時定額購入にも応用可）

担　当　者「お客さま、この波線は相場変動を表していますがA地点とB地
　　　　　点、どちらで購入し、どちらで解約したいと思いますか」

お客さま「…え？購入はAで、解約はBですよね」

担　当　者「はい、こんな当たり前のことを聞いてしまってすみません。し
　　　　　かし多くのお客さまはB付近で購入し、A付近で解約をなさいま
　　　　　す」

お客さま「…」

担　当　者「リーマンショックの時、多くのお客さまがこのAで解約をし、
　　　　　損失を確定されました。一部のお客さまは、追加で購入するか、
　　　　　相場が反転するまで保有なさいました」

お客さま「確かにね、そういう話を聞きますよね」

担　当　者「高い時に買って、下がったときに売れば、投資が成功するはず

がないのです。といいますか、必ず損をします」

お客さま「そうですね…」

担 当 者「このように単純な波線で書くと、マイナス時に解約をしないことは簡単に思えるのですが、実際Bの山からAの谷まで下落する期間は2年など、じわじわと下がることも多くあります。その間、ずっと耐えなければいけません。そしてこの山と谷はおよそ3年から5年のサイクルだとイメージしてください。一度下落に向かうと数年間上昇してきません。概ね5年以内に使用予定のある資金では投資をしないでください、という所以です」

お客さま「分かりました。じーっと保有し続けます。下落したら購入に来ます。でも、そもそも購入のタイミングを下落する谷ポイントのAになるまで待てばいいのでは？」

担 当 者「はい、仰るとおりなのですが、実際どこが相場の谷なのかは過ぎてみなければ分からないものなのです。Aで購入できればいいのですが、それが分からないので、リスク分散としては、分割で購入するか、購入後は長期で保有するなどしていただくことになります」

　ここでS＆P500の長期のチャートをお見せします。ITバブルの崩壊である2000年付近、リーマンショックである2008年付近を実際の谷ポイントとして確認します。

担 当 者「米国経済などは成長していますから、下がるのを待っていると下値が切り上がってくるといった感じになります」

お客さま「なるほどね。S＆P500のグラフを見ると、下がるまで待つということをするよりもなるべく早く購入して、そして長期で持つのが良さそうですね。何かしらの危機が起こって下落するときは余裕資金を追加するくらいの気持ちでいます」

担 当 者「下落時は追加のご予定で、今回の投資金額には余裕を持たせるということですね。承知しました」

相場フォロー時（下落時）

お客さま「今相場が下落しているけど、どうしましょう」

担 当 者「（図を見せながら）今がこの谷のどこなのかは分かりません。
　　　　　ですが、山のBで購入し、谷のAで解約をすれば、100％損をし
　　　　　ます。通常谷のAで購入し、山のBで売りたいと思いますよね」
お客さま「確かにそうです」
担 当 者「さらに下落するかも知れませんし、上がってくるかもしれませ
　　　　　んが、お客さまが購入した時点よりも下がっているということで
　　　　　すので、今追加購入をすると、購入時の単価を下げる効果があり
　　　　　ます。そうすると、上昇局面になったときに、含み損からの回復
　　　　　がより早くなります。それを一般的にはナンピン買いと言いま
　　　　　す。購入を検討されてみますか」

相場フォロー時（上昇時）
＜投資可能期間が10年以上ある場合＞
お客さま「今相場が上昇していますけど、どうしましょう。解約したほう
　　　　　がいいでしょうか」
担 当 者「（図を見せながら）今上昇していますね。このグラフでみると、
　　　　　今が山のBだとして、これがどこまで上昇してくるかが分かりま
　　　　　せん。お客さまの投資目的が老後の資産形成で、まだ10年以上
　　　　　も投資期間がありますから、このまま保有し続けて、もし下落し
　　　　　たら余裕資金で追加購入するという方法もありますよね」
お客さま「そうですね。でも一旦解約して安いところで買い直したほうが
　　　　　オトクですよね」
担 当 者「はい、そうですね。そうなのですが、下がったときというのは
　　　　　どこまで下がるかが分からず、結局買いそびれて預金のままとい
　　　　　うことが良く起こります。そうすると、以前高いと思って解約し
　　　　　た時点よりも、さらに高いところで購入することになるので、結
　　　　　局長期投資であればそのまま放置でいたほうが良いという方が多
　　　　　くいらっしゃいます」

相場フォロー時（上昇時）
＜投資可能期間が5年を切る場合＞
担 当 者「（図を見せながら）今上昇していますね。このグラフでみると、

　　　　今が山ポイントのＢだとして、これがどこまで上昇してくるかが
　　　　分かりません。お客さまの投資目的が老後の資産形成で、残り５
　　　　年ほどで投資から引上げる予定であれば、ここで一旦普通預金に
　　　　入金しておいてもよいと思います」

お客さま「さらに上がるかもしれませんけど、見通しはどうでしょうか」

担 当 者「相場を言い当てることは難しいですよね。正直なところ、相場
　　　　の上下は分からないのですが、今の利益で十分だと思われるので
　　　　あれば、解約されるのもよろしいかと思います。投資の格言で魚
　　　　の頭としっぽはくれてやれ、というものがございます。最安値で
　　　　の購入、最高値での売却を狙うのではなく、ほどほどのところで
　　　　手を打とうという意味です。やはり解約のタイミングは難しく、
　　　　多くの先人たちが同じように悩んだということですよね」

お客さま「悩みますね」

担 当 者「そもそもお客さまは本当に５年後に資金が必要なのですか」

　このようにお聞きして、使用予定を確認し、投資期間や目的の変更があ
れば記録して、お客さまの投資目的に合うようなガイドをしましょう。

　非常にシンプルで当たり前のことを説明しているだけなのですが、投資
の基本を理解し、そして思い出していただくのに強力な方法です。ご自分
の提案スタイルが固まっていない方は是非、この方法を試してみてくださ
い。

（２）アセットアロケーション提案

　前掲した図表３－７では、お金を使う時期によって４分類していまし
た。次は資産の種類によって分類してみましょう。大分類として総資産を
預金と投資に分けて、そのバランスを考えるのです。このように資産の配
分を意識し、リスクのバランスを取る考え方をアセットアロケーションと
言います（アセットアロケーションは、さらに投資に配分した資産のう

ち、どの資産クラスをどのような配分で組み入れるかという考えも含まれます）。

　全資産からみた投資配分を考えた案内を行うことで、お客さまのリスク許容度を確認できます。お客さま自身も、リスク許容度を意識して投資を組み入れることになるため、相場変動に耐性を持つことができるようになります。

　ここでも具体的な会話例を確認しましょう。お客さま情報に総資産額についての記録があれば、それをもとに話します。記録がなければ、年齢などの情報から仮設定した総資産額で話を進めましょう。

担　当　者「お客さまのご資産全体が1,000万円だと仮定します。仮に資産の10％を投資にするとその金額は100万円になります（図3－10を書く）。お客さまはご資産の何％くらいまでお投資に振り向けても良いとお考えですか。それは今契約をするという意味ではなく、将来的なイメージです。いかがでしょうか」

お客さま「そうですね、あまり考えたことはなかったですが、定期は金利

図表3－10　アセットアロケーション②

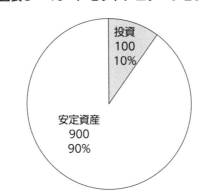

出所：株式会社フィデューシャリー・パートナーズ

が低いですから、投資の割合はもう少し多くてもいいのかもしれませんね。でも詳しくないから本当に投資を増やしていいかは慎重に考えたいです」

担 当 者「そうですね。慎重に考えていきましょう。どのくらい投資に振り向けるかというのは人それぞれ違います。たとえば1億円現金をお持ちの方は8割投資をしても2,000万円現金が手元に残ります。全財産が100万円の方であれば、8割投資をしたら現金が20万円になってしまいます。投資金額を決める際のポイントはお金の役割です（図表3－7）。すぐ使うお金、近い未来に使うかも知れないお金は元本保証にして、それ以外のご資金は預貯金以外をご検討いただいても良いと思います。まずはお客さまにとって無理のない金額からスタートしてみましょう」

このようにご案内すると、お客さまは将来的な投資配分をうっすらとイメージします。そして全体の資金の割合から考えて、今回投資を検討する金額が多いのか、少ないのかをご自分で判断されます。

（3）ポートフォリオ提案

全資産から投資のバランスを考えたアセットアロケーションを決めたら、次にどのような商品を選んでいくかを考えることになります。このような資産における商品の構成をポートフォリオと呼びます。これは、投資商品を購入したことがない方だけでなく、すでに投資商品を保有している方にもたいへん有効なアプローチです。

ここでも、どの商品をどれだけ組入れていくのか、お客さまと相互確認していくことが重要になります。実際、投資商品を保有しているお客さまの中には「何に投資をしているか分からない」という方がかなり多くいらっ

しゃいます。資産形成・投資の提案営業をする担当者は、お客さまが決してそのような状態に陥らないようにサポートしなければなりません。

　以下の例は、すでに投資をしているお客さまへのフォローです。

お客さま「今保有している商品がずいぶん上昇してきました。調子が良い
　　　　みたいだけど、解約したほうがいいでしょうか。そのまま保有し
　　　　たほうがいいでしょうか」
担 当 者「今豪ドルが上昇しているので、為替益がかなり含まれています
　　　　ね。たとえば一部解約して、他の通貨などに移し、分散してみる
　　　　のはいかがですか」

　このような会話をしながら、円グラフを書きます。ここでは全部豪ドルの円グラフと、豪ドルと米ドル50％ずつの円グラフを書いてお見せします。口頭での説明だけでなく図示することで、お客さまは自分の投資バランスをイメージしやすくなり、決断がとても早くなります。

図表3－11　通貨のポートフォリオ

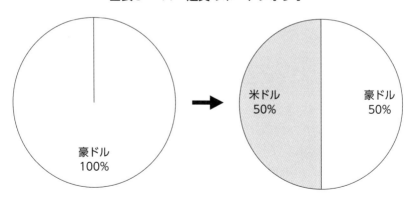

出所：株式会社フィデューシャリー・パートナーズ

このように、毎日のように様々なお客さまに円グラフを書きながら提案営業を行いました。これは、他金融機関での資産をお聞きするときにも有効です。

担　当　者「他の金融機関で保有している商品とのバランスを考慮すると、また違った提案になりますが、どのような商品をお持ちなのですか」

　このようにお聞きすると、すんなりお教えいただけることが多いです。お聞きした情報を基に、円グラフを修正し、提案を継続します。

　以上のように、資産のバランスを考えるための円グラフは、新たな資金で投資をする際の商品選びや、利益確定・解約・リバランスなど今の投信保有状況を見直ししたいなどのご要望に対応するツールとして使用していました。

（4）インフレをきっかけにしたアプローチ

　主に投資が初めてのお客さまに向けて、インフレ対策としての投資をご案内することも多くあります。インフレは2023年6月の本書籍執筆時点では、政府と日銀の政策目標にもなっております。

　お手続きの折に「定期預金の金利が低い」という話題が出たらインフレアプローチをするタイミングかもしれません。インフレによって将来的な購買力が低下することを確認し、その対策としての投資の有用性を説明します。

担　当　者「こちらのご資金1,000万円を定期預金にお預け入れいただくと、利率は0.002％になります。たとえばこの利率のまま10年置いていただいたとしたら、10年後に1,000万円は元本保証でそのままお手元に戻ってきて、利息は2,000円になります。ここ最近

のインフレには負けておりますよね。現在、政府・日銀の政策と
してインフレ2％になるまでマイナス金利は継続すると言ってい
ます。インフレ年2％というと、10年後は1,000万円の実質価値
が約800万円になるということです。たとえば、今年1,000万円
で購入できる車が10年後には約1,200万円になっています。し
かし、預金は1,000万円のままです。ということは買う力（購買
力）が落ちているということなのです。買う力を維持しようとす
ると、この1,000万円にインフレ分と同じ年2％の金利が付くこ
とが必要です。定期預金の金利がそこまで上がるか、もしくは給
料や報酬、年金が年2％上がれば買う力は落ちません」

お客さま「それはなかなか難しいのでは…」

担 当 者「一般的なインフレ対策は株式投資や不動産投資と言われていま

図表3－12　消費者物価指数

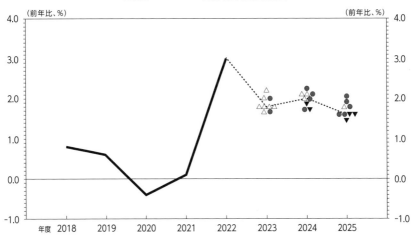

(注1) 実線は実績値、点線は政策委員見通しの中央値を示す。
(注2) ●、△、▼は、各政策委員が最も蓋然性が高いと考える見通しの数値を示すとともに、その形状で各政策委員が考えるリスクバランスを示している。●は「リスクは概ね上下にバランスしている」、△は「上振れリスクが大きい」、▼は「下振れリスクが大きい」と各政策委員が考えていることを示している。

出所：日本銀行『経済・物価情勢の展望（2023年4月）』P11

す。政府は『貯蓄から投資へ』などと言っていますよね。NISA
やiDeCoなどの税制優遇制度が充実してきていますが、一般生
活者の資産がインフレに負けないために導入されている面があり
ます」

お客さま「日本は20年以上デフレでしたから、インフレも一時的なもの
かもしれませんよね」

担 当 者「はい、一時的なものかもしれません。しかしそうでないかも知
れません。正直分からないですよね。今のところ分かっているの
は、現在の日本の食料とエネルギーの自給率の低さ（第1章第1
節参照）です。これらの生存に必要なものを輸入に頼る日本では、
為替によって価格が変化するリスクは常にあります。未来に起こ
ることというのは分からないからこそ、リスクを分散しつつコン
トロールして管理します。日本円のまま老後資金を定期預金で置
いておいた場合、デフレであれば良いですが、インフレになれば
実質価値は下がります。であれば、分散して起こりえる未来に備
えるという考え方もあります」

お客さま「そうですね。遠い未来のことは何があるかわかりませんよね」

担 当 者「仰るとおりです。未来は分からないからこそ、こうでなければ
いけないということはないのですが、お金を管理するいくつかの
手段は知っておいたほうがいいですよね。せっかくの機会ですの
で、NISA等の制度を確認されますか」

お客さま「お願いします」

　このようにインフレを投資啓蒙に使用することは頻繁にしていました。
会話例は時世に合わせて変化させてください。筆者はインフレの気配が全
くないときでも、全資産を預金のままで良いのかは疑問であるということ

をお客さまとの話題にしており、様々な手段があることをお伝えしていました。

 インフレアプローチに反応しない人

　インフレを入り口にした投資啓蒙する場合のポイントは「購買力の維持」です。したがって、購買力が維持される人には、このアプローチは響きにくいです。

　購買力が維持される人とは、以下のような人が該当します。

① 不動産収入がある。

② 持ち家があり、かつ充実した年金を受け取っている。

③ オーナー社長で定年がない。

④ 一人っ子で親が資産家。不動産購入の必要もなく、相続も相当額が見込める。

⑤お金に執着がなく、ある分だけで暮らすことを決めている人。

　老後にそれまでに貯めた資産を取り崩していくのではなく、一定以上の収入がある方の場合には、購買力低下をあまり心配する必要がありません。このような方々にはインフレヘッジとしての株式投資よりも、資産活用としての運用をご案内した方が好まれるでしょう。

（5）金利をきっかけにしたアプローチ

　インフレ対策をしたり、資産を増やすことを考えたりするよりも、資産を取り崩して活用する退職後の世代には金利をきっかけにしたアプローチが響くことが多いです。

　これも会話例をみてみましょう。金利は世界情勢によって変化するものですので、実際に説明する際にはその時々の数値を確認してください。

お客さま「定期預金は継続しておいてください」

担 当 者「お客さまの定期預金は将来お使いになるご予定はあるのですか」

お客さま「使い道は特にないです。もう仕事は退職したし、そのうち取り
　　　　崩して使っていくかも知れません。まぁ、イザというときのため
　　　　にです」

担 当 者「（図表３－７を書き）預貯金ですと、どうしても金利が低いで
　　　　すね。たとえば、日本の国債のほうが僅かに金利は高いですし、
　　　　日本株も配当利回りが年２％くらいなのですよね。（2023 年 6 月
　　　　執筆時点では東証プライム全銘柄の配当利回りは約２％）1,000
　　　　万円に対して２％と言えば、20 万円です。10 年で 200 万円にな
　　　　ります。元本の変動はありますが、使い道が決まっていないご資
　　　　金であれば、解約の必要もなく、そのまま配当を生み出す商品と
　　　　して保有しておくという方法もあります」

お客さま「株式の変動は大きそうですよね。日本の未来が明るければいい
　　　　のですが」

担 当 者「そうですね。明るければ良いのですが、何に投資しても未来は
　　　　決まっていないからこそ、分散という考え方もあります。先ほど
　　　　は株式の話をいたしましたが、外国の 10 年国債は日本よりも金
　　　　利が高い場合が多いです（各国の国債利回りを手書きする）。た
　　　　とえば、A国の国債に投資するタイプですと、現在は年率４％程
　　　　度です。金利や為替の変動がありますが、１年で 40 万円、10 年
　　　　で 400 万円です。元本の変動は主に為替や債券価格の変動です
　　　　が、10 年で 400 万円の金利が貯まると仮定すれば、10 年後には
　　　　為替の変動も含めて元本が 40％下落し 600 万円になっていたと
　　　　してもとんとんです。債券にも金利の高い物、低い物、色々とあ
　　　　りますので、ご自分のリスク許容度に合う商品があるかどうか、

　　　ご覧になりますか。だいたい20分くらいでご説明できますが、

　　　いかがいたしますか」

お客さま「20分くらいなら大丈夫です。お願いします」

　金利からの投資案内するために、投資対象になり得る主要国の政策金利
と10年国債の利回りは常にチェックしておくとよいでしょう。また、自
金融機関で扱っている債券ファンドの直接利回りと最終利回りも確認して
おきましょう。単純に金利を確認するなら直接利回りを見ておきましょう。

④ 　販売時に押さえるべきポイント

（1） リスクをいかに説明するか

　前項まで、資産形成・投資の提案営業をいかに実践するかについて解説
してきました。ここからは、販売時に注意していただきたいポイントをい
くつか挙げます。いずれも顧客本位の本質に関わることですので、しっか
り押さえておいてください。

　金融商品の価格が変動するリスクがあることは販売時に必ず説明されて
いるはずです。お客さまも当然それを理解して購入しているはずなのです
が、いざ相場が大きく変動し、価格が下落した際に慌てて解約を希望する
お客さまは後を絶ちません。このような実態に鑑みると、リスクについて
の説明が不十分であると言わざるを得ません。

　一般社団法人投資信託協会がウェブサイトで公表している「投資信託が
持つリスク」を見てみましょう。そこには、価格変動リスクについて「株
式や債券の価格が変動する可能性」と書かれています。多くの金融機関
でも、これと同様のリスク説明資料を用いて説明を行っているはずです。

この説明を受けたお客さまはきっと「分かりました」と答えているはずです。言葉の意味は難しいものではなく、普通に理解できるのですから当然の反応です。信用リスク、為替変動リスク、金利変動リスクなどについても同様です。

　しかし、このような説明では、お客さま自身が投資しようとしている商品または保有している商品について、どのような場合に、どのくらいの変動幅で影響が出る可能性があるのかを理解したことにはなりません。人は分からないものに恐怖や不安を感じるものです。よく分からない原因によって、自分の保有資産の価格が下落すれば、不安に駆られるのは当然です。筆者は、不安を訴えるお客さまの多くが「何に投資をしているかわからない」と口にするのを見てきました。元本割れするリスクがあることを、ただルールに則って説明すれば良いわけではないことを実感しています。

　資産形成・投資の提案営業に携わる担当者に求められるのは、投資信託に組み入れられる個々の資産の特性やリスクを把握したうえで、政治・経済動向が対象商品に実際にどのように影響するのかという具体性を伴った説明です。株式と債券とでは値動きの仕方が異なるのは当然踏まえておかなければなりません。為替の変動にしても、米ドル、ユーロ、豪ドル、ブラジルレアルなど様々な通貨について一律のリスクとして説明できるはずがありません。金利変動も、資産クラスによって、あるいは投資対象の国・地域によってどういう影響があるのか知っておく必要があるでしょう。どのような原因で価格が変動しうるのかが分かっていれば、相場が荒れた場合でも冷静に状況判断ができます。少なくとも慌てて解約を申し込むことはなくなります。

（2）自分の保有資産を理解してもらう

　購入時は株式と債券の性質の違いを必ず説明してください。基本的には

株式投資から得られる利益は成長によるものです。成熟産業の株式であれば成長よりも配当を期待して投資します。一方で、債券は金利を見込んで投資します。お客さまの投資目的に見合うよう、共に商品を吟味し、結果お客さまがその商品を選んだ理由を明確に記録しましょう。その記録は、将来の相場変動時にお客さまに投資の動機や目的を思い起こしていただくための大切な情報です。

　初めて面会するお客さまに、今どのような投資をしているのかをお聞きすると、「えっと、なんだったかな…」とまごついてしまうケースは本当に多くあります。少なくないお客さまが、自分が何に投資しているのかわかっていないのです。そのような状態ではリスクなど取れるはずがありませんし、資産配分を考慮した投資案内もできません。そのような方には、まず自分が何に投資をしているのか、理解いただくところから始めます。よく理解いただかないまま販売すると、相場上昇時には問題が表面化しませんが、相場下落時に大きな問題となって顕在化します。

　購入する商品が何であるのか十分に理解した上で投資を始めた途端に、世界のニュースがよく耳に入ってくるようになった、という趣旨のことを仰るお客さまがいます。投資を通して世界経済の動きに関心が向くことで一気に視界が開けるようです。そして、自分が保有している商品はこれで良いのか、他の選択肢はないのか、投資についてより深く考えるようになります。私たちは、お客さまがご自分の投資に関心をお持ちいただけるような案内をすべきなのです。

（3）想定最大損失額を伝える

　お客さまに想定しうる最大損失額を必ず伝えます。最悪の事態を想定させるなんて怖いと思うかもしれませんが、これは絶対に必要なことです。驚くべきことに、筆者が提案をしたお客さまのうち、最大損失額を伝える

ことで購入金額を減らす方はいましたが、購入を止めた方はただの一人も
いません。むしろ購入を迷っている方の背中を押すワードなのではないか
と思うほど、しっかり売上が立ちます。そして下落時の苦情はなくなり、
追加購入の検討をご相談いただけます。

　最大損失額を確認することはお客さまのリスク許容度を確認する行為で
す。適合性の原則に則るためのチェックシート類に記入していただくより
も、より自然に、より明確に、お客さま自らがリスクを取る覚悟を持って
いただけます。

　最大損失額は、全ての資産クラスにおいてリーマンショックの時の下落
率を見積って伝えます。投資対象に選んだ通貨の長期のチャートを確認
し、為替の変動幅もお伝えします。どのようにして伝えるのか、会話例を
ご紹介します。説明のために用意するのは、当該商品設定時からの基準
価額の推移（2008年リーマンショックが含まれているもの）です。リー
マンショック以降設定の商品であれば、当該資産クラスの2008年を含む
チャートです。以下の会話は必ず資料を示しながら話します。

担当者「過去20年を振り返って、最も市場が下落したのはいわゆるリー
　　　　マンショックです。1930年代の世界大恐慌以来、100年に一度の世
　　　　界金融危機と言われております。次の100年に再度同じような大き
　　　　さの危機があるか否かは誰にも分かりません。しかし、再度リーマ
　　　　ンショック級の危機が起これば、このくらいの下落になります」
　資料を使用して、変動している様子をお見せします。
担当者「お客さまが本日1,000万円を外国株式○△投資信託を購入なさっ
　　　　たと仮定します。翌日にリーマンショックのようなことが起これ
　　　　ば、この1,000万円は半年かけて500万円ほど下落するということ
　　　　になります。当時、この下落に驚いて解約された方もいました。一

方で、そのまま保有した方、追加購入した方もいます。いろいろな
お客さまがいらっしゃいました。継続保有や追加購入した方は、『市
場はどうせまた上がるでしょう。私は追加する資金がないので連絡
もらっても資金を動かせないですから、相場が上昇したら連絡くだ
さい。それまでしばらく森脇さんとはサヨナラですね』とか『森脇
さんも僕の年齢（80歳代）まで置いておける資金があるなら、今
のうちに株式を買っておくといいよ』などと仰っていました。解約
した方は『これ以上下落するのが怖い』と仰いました。確かに下落
している最中というのは、世の中に悪いニュースが蔓延しています
から、悲観的になりがちです。短期的な情報は無視するといっても、
1日で50％下落するわけではなく、半年だとか、1〜2年かけて
下がるわけですから、さらなる下落を怖がる気持ちも分かります。
しかし、ご自分が投資している国や資産は消滅しないと信じて保有
し続けるしかないのです」

　このように説明して、この下落に耐えられそうにないということであれ
ば、購入は見送っていただきましょう。さもなければ、必ず後のトラブル
になります。
　もう一つ、最大損失額を伝える会話例を紹介しましょう。こちらは総資
産の何割が含み損となりうるかを提示しています。

担　当　者「今回の投資金額は500万円で総資産2,500万円の20％ですね。
　　　　　　投資額が50％下落すると、含み損は金額にして250万円です。
　　　　　　これは総資産の10％の下落を意味します」
お客さま「過去のチャートを見ると、50％の下落は最大瞬間風速のような
　　　　　　ものですね。相場が反転したのは比較的すぐですね」

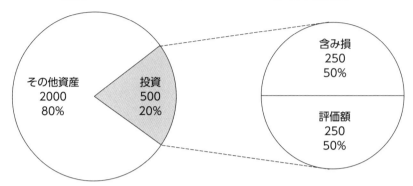

図表3－13　アセットアロケーション④ 含み損割合

その他資産
2000
80%

投資
500
20%

含み損
250
50%

評価額
250
50%

出所：株式会社フィデューシャリー・パートナーズ

担 当 者「そうですね。ただ下落前の 2007 年あたりの最高値で購入した
　　　　場合、1 年以上相場は下落し、リーマンショックが来てさらに下
　　　　がっています。相場が直前の最高値を更新するのに、約 5 年か
　　　　かっています。解約をしない限り含み損は数字上だけのことです
　　　　から、上昇してくるまで待てば良いのです。お客さまは使用予定
　　　　のないご資金ということですから、長期投資に問題はありません
　　　　よね。巷では使用予定のある資金で投資をして、下がったところ
　　　　で解約して損失を確定したと騒ぐ方もいます。そして不安を煽ら
　　　　れた人がまた解約をし、負の連鎖になるということが起こるので
　　　　す」

お客さま「下落時はそのまま放置するようにします。もしかしたら下落時
　　　　に追加できたらいいですね。でもまた相談させてくださいね」

担 当 者「もちろんです。状況のご報告はさせていただきます」

お客さま「ありがとうございます」

　　上記のようにご説明したとき、実際のお客さまのコメントは様々で「投

資金額を減らそうかな」「資産を債券などに分散させようかな」という方もいらっしゃいます。また「せっかく買おうと思っているのに脅かさないでよ」と不機嫌になる方もいましたが、その方も予定どおりの購入をされました。筆者が担当でなくなっても、お客さまが自立して長期投資に耐えうることこそが大切なのです。

（4）リスク分散の方法を伝える

　お客さまが投資に不安を感じる理由の一つが未来は分からないということです。人は分からないものに不安に感じるようです。私たちはその不安は取り除いて差し上げるのではなく、共に乗り越えるという気持ちでいるのが良いのではないかと思います。その不安に寄り添うからこそ対面の金融機関の価値があるのです。もちろん、担当者が一緒に不安になってはいけません。そこはプロとして必要なスキルです。

　投資することはリスクを負うことであるとお伝えしたら、そのリスクをどうコントロールして管理するのかも伝えましょう。リスクをコントロールする基本は分散です。すなわち、資産分散、時間分散、地域分散、そして長期投資です。「卵は一つのかごに盛るな」という格言は、リスク分散を実に分かりやすく表現しています。多くのお客さまに繰返しお話したい言葉です。筆者はこの言葉を次のようにも使っていました。

　「卵は一つのかごに盛るなという格言があります。かごを落としたときに全ての卵が割れてしまうのを防ぐために複数のかごに盛って分散するという意味です。裏を返せば、分散すれば必ずいずれかの卵は割れるということでもあります。そのときに悲観せず、分散していて良かったと考えるのが分散投資です。全部割れないということはありません」

　お客さまが意図せず分散がされていないことはよくあります。複数の商品に分散して保有しているつもりが、中身を見るといずれも米国株式中心

だった、などということは起こりがちです。その場合は、資産クラスや投資対象国が異なる商品を新たに組入れる（あるいは組替える）提案が考えられます。

　一方で、投資が好きで経験豊富なお客さまの中には分散を嫌う傾向もあります。分散することが常に正解であるわけではなく、リスクとどう向き合うかはお客さまご自身の考え次第です。「分散すると言っても投資する国がないですよね」とか「成長する国に集中投資したほうが良くないですか」「預貯金があるから債券投資はしないです」などと言われたりします。これはこれでごもっともな考えです。このようなお客さまには、分散しない理由をしっかりお聞きし、記録しておきましょう。相場下落の際のフォロー時に、当初お客さまがどのように考えていたのかを共に振り返るのに役立ちます。

　外国に投資をする商品は為替ヘッジの有無を選択できるものがあります。為替リスクに対するお客さまの価値観も確認し記録しておきましょう。その際は為替ヘッジコストにもしっかり触れておいてください。一般に、為替ヘッジは安定運用を望むお客さまが選択しやすいものですが、ヘッジコストがかかることで運用パフォーマンスが落ちることを十分にお知らせしなければなりません。ヘッジコストは主に日米の短期金利の差であり、常に一定ではないこともお伝えしましょう。

（5）分配金は元本を削る

　分配金という言葉からは、あたかも金利収入や配当金から払い出されているかのような、すなわち利益であるかのような印象を受けます。しかし、そうではありません。分配金は収益以上の金額が払い出されることもあり得るのです。

　分配金が純粋な利益であるかのように誤解しているお客さまは少なくあ

りません。定期的に支払われる分配金を投資の果実だと思って消費していたところ、ふと気がつくと投資信託の時価評価額が想像以上に少なくなっていることに驚いて問い合わせにいらっしゃるお客さまを数多くみてきました。投資資金の一部を取り崩して自分で使っていたわけで、そのこと自体は損失ではないのですが、理解しないまま投資していた点では自己責任原則からして大いに問題があります（意図せず運用効率が落ちているという意味では、ある種の損失を被ったとも言えます）。

　分配金について、実は担当者もきちんと理解していないまま販売しているケースが多いと考えています。筆者が投資信託販売に携わるようになったのは分配金競争の絶頂期でした。高い分配金を出す商品が次から次へと発売され、また既存の商品も分配金がぐんぐん上昇していた時期です。投資雑誌等でもしきりに特集が組まれ、担当者もお客さまも分配金がどれだけ出るかを商品選定の基準にしていました。これは高い分配金を以て高い収益性と誤認させることで（あるいは誤認を看過することで）売上を伸ばしたい金融業界本位の営業活動により生じた現象だと思われます。現場の担当者がそこまで意図していたとは思いませんが、分配金について正確な説明をしていなかったことは否定できません。

　筆者自身も、運用報告書を読んで疑問を持ち、目を皿のようにして目論見書を読み込んだ挙句、運用会社のセミナーに参加してはじめて理解しました。そしてお客さまに誤った説明をしてしまったことに慄然としました。分配型投信を販売したお客さまにはお詫びして訂正し、それ以降の案内では分配金の誤解を解くように活動しました。

　ただし、筆者は分配金それ自体を悪だとは考えておりません。退職世代は貯蓄を取り崩して生活費に充てるということが一般的ですが、預金の代わりに投資商品にしておき分配金を取崩し分だと捉えて活用することもできると思うのです。次に分配金についての説明例を示しておきます。

　「この100円の分配金のうち、実際の利息は20円で、後の80円は元本

から出ています。分配型投信はどの商品も元本を削るということになります。これは、使い方次第かと思うのです。お客さまは複利で増やすというより運用しながら使うというお考えでしたね。元本が削れてしまうのは、普通預金から生活費を取り崩すのと似ている、とも考えられます。運用しながら取り崩すという使い方でこの商品を保有していただくのはいかがでしょうか」

　誤った説明で販売してしまったお客さまにもこのように説明したところ、ほとんど苦情はありませんでした。さらに、分配金を再投資にして、取り崩しの意味合いで年に１度くらい一部解約の手続きをするという方法も提案しましたが、多くのお客さまは分配金のままを選択されました。また、新規にご案内するお客さまへも同様の説明をします。

　分配金の誤解撲滅は本当に難儀しました。前述した最大損失額をお伝えするのは単純で、どなたにでもすぐにご理解いただけるのですが、分配金は制度が複雑です。時間をかけて丁寧に説明しても誤解が解けず、解約に至ったケースもあります。試行錯誤の末、最終的にたどり着いたキーワードは「減る」「削る」「マイナス」です。

　「分配金が出ると投資金額が減ります」

　「分配金は投資した元本を削って出すのですよ」

　「分配金はお客さまの投資金額がマイナスでも出るのですよ」

　投資の専門的な言葉遣いからすると、やや不正確な表現であると言われるかもしれませんが、お客さまの誤解を避けるためにははっきりとネガティブな言葉を使う方が適切であるという結論に至りました。

　毎月分配型投信がつみたて NISA の選定商品に一つも含まれていないことから分かるように、現在では分配金は長期の資産形成には向かないという認識が浸透してきています。年１回決算型が多く発売され、お客さまに分かりやすい工夫もされています。それであってもなお、分配金について

の誤解は、お客さまにも担当者にも強烈にあると感じております。資産形成・投資の提案営業を実践される皆様には、正しく理解してお客さまに誤解のないように説明していただきたいと思います。

第5節　継続的にフォローする

資産形成・投資の提案営業は、商品を購入いただくことで終了するわけではありません。その後も継続的にフォローして、お客さまの長期投資をサポートしていくのも私たちの仕事です。ここでは、日常的なフォロー方法について解説します。

1 投資信託購入後のフォロー

投資信託を初めて購入したお客さまには、購入から1ヵ月後くらいを目安に電話フォローをしてみましょう。それ以降の連絡は間隔が開くとしても、購入してから間もなく連絡をしておくのとしないでは大きく印象が違います。1ヵ月を目安にしているのは、分配金が出るタイプの投資信託で最初の分配金が支払われた直後くらいが報告しやすいからです。

担当者「○○さま、投資信託を始めて1ヵ月が経過しました。現在の状況は、投資金額100万円に対しまして、時価評価額が99万円です。最初に手数料を約2万円引かせていただき、約98万円から運用がスタートしており、現在は手数料の1万円分を回復しています。投資金額に対しては1万円のマイナスです。今後ご質問等がございましたら、いつでもお気軽にお電話ください」

ここでのポイントは「お電話ください」と先に言うことです。これは良い印象付けになります。「お電話します」と言って電話をしなかった場合

は印象が悪いですが、「お電話ください」と言って電話をしなければなんとも思われません。担当人数の多寡はあると思いますが、筆者は500名ほど担当していましたので、繁忙期は全く電話ができなくなります。こちらから電話しますという約束は達成出来ないおそれがあるため、場合に応じてこのように「お客さまからお電話をください」とお願いするスタイルで活動していました。

　また、お客さまの購入時の記憶は、だんだん薄れていくものです。フォロー時には毎回繰返し、「老後の資産形成ですよね」「先進国をミックスした株式で成長狙いですよね」「下落時は追加を検討か、様子を見るかですよね」などと投資の目的を相互確認し、記録することが大切です。

2　効率の良い電話の活用方法

　筆者の担当していたお客さま数は常時500名程度でした。かなり効率を上げないと業務が回りません。多くのお客さまを担当する場合には、電話の活用方法が鍵となります。

　一般的には、とにかく電話をしてアポイントを取るよう指示が出るものですが、筆者の活動は少々変わっており、面談しないための電話活動をしていました。貴重な面談枠は、本当にお会いしたいお客さまに最適なタイミングで丁寧にご説明する時間を確保して使いたいと考えていたのです。

　大口契約のお客さまや懇意にしてくださっているお客さまは面談の約束が取りやすく、担当者の提案を受け入れてくれるのは承知なのですが、追加購入や乗換の提案が必要なケースはそれほど多くはありません。また、同じお客さまばかり面談していると新たなお客さまの開拓にはつながりません。そのため、多くのお客さまは電話でフォローを完了する必要があるのです。丁寧な説明が必要な先は電話で10分から15分くらいかけて定期

的なフォローをします。大口の契約先のみならず、投資金額が少額でも投資初心者で積極的に質問をしてくるようなお客さまも電話の優先順位は高くしていました。

このように、普段から電話でフォローしておくと、時機が到来した際には契約の確度の高い面談が入ることになります。「利益が〇〇円になったらリバランスをする」「定期預金の満期時に投資を買い足す」「下落している商品を見直したい」など、すでにある程度話がついている状態であり、いざ動いていただくときに「1週間以内にお目にかかりたい」と一言電話をすれば、印鑑を用意して面談に臨んでくださいます。無理なセールスなど一切ありません。

3 リバランスの提案

リバランスとは、当初決めた投資バランスが相場の変動によって崩れた時に、元のバランスに整える行為を指します。リバランスは相場下落時のみならず上昇時も検討します。

たとえば、投資配分を株式と債券で50%ずつにしている場合に、株式市場の下落によって配分が株式40%債券60%となったとします。この時、配分の下がった株式を買い足して、債券とのバランスを50対50に戻すよう調整する、これがリバランスです。反対に株式相場が上昇して株式の割合が増える場合には、株式の売却か債券の購入もしくはその両方を行って50%ずつに整えます。この際、お客さまの資産全体における投資割合が大きくなることが問題ないかを確認しつつご提案しましょう。

実際にリバランスをするお客さまの中で多い行動は、上昇している資産を売却して普通預金に入れておくという方法です。投資と普通預金のバランスを見て投資が多くなると、解約して普通預金に入れ、相場下落により

投資資産が下落したら普通預金から投資に戻すという具合です。これは年齢の高い方に多くみられるリバランスです。

　また、リバランスの際に検討すべきポイントは、そのための資金をどこから捻出するかです。先ほどの例のうち株式の割合が下がったケースで、投資金額を増やしたくない（もしくは資金が不足している）場合には、債券を売却して株式を購入する資金に充てるという手段を取ることも考えられます。お客さま全体の資産割合とリスク許容度を確認してご案内しましょう。

④　老後の資産形成のための積立投資ではリバランスは不要

　一方、若年層が資産形成のために積み立てしている資金については、リバランスすることを積極的には勧めておりません。基本的には株式投資を中心に老後まで投資をそのまま継続しましょう、とガイドしています。

　資産形成のための制度であるつみたて NISA の対象商品は、株式に投資をするタイプのものか、株式を含むバランス型になっています。このことからもわかるように、老後の資産形成のための投資は株式が中心になるのです。したがって、ポートフォリオ調整の重要度は下がります。そして、その名のとおり資産を形成していくことが目的なのですから、資産全体のバランス、すなわち預貯金と投資のバランスは考えません。増えたら増えっぱなしが良いと考えます。

　株式投資に抵抗があり、債券にも分散投資を希望される方は自動的なリバランス機能があるバランス型の投資信託を選ぶようにガイドしてください。もし、自金融機関にバランス型の NISA 対象商品の取り扱いがない場合は、他金融機関を案内するしかないでしょう。それはお客さまのためだと思って覚悟しましょう。その際は、最終的にどこで購入なさるか後で教

えていただきたいと伝えます。他の対面金融機関ではなく、非対面のネット証券などを選択されていれば、その後のフォローとしてお手伝いする余地があるためです。

5 資産形成から活用（取り崩し）への移行を案内する

資産形成のための投資はいずれ、退職などの契機を経て資産活用すなわち取崩しへと移行していきます。私は、投資をしている現役世代の方々に対して、老後資金として取り崩す時期が決まったら（退職の予定等がみえて来たら）、その5年くらい前に一度ご相談くださいと申し上げています。取崩し開始直前の5年間ほどの相場状況やお客さまの資産状況を総合的に判断して投資リスクを下げるような働きかけをすることも考えられます。

前述したように、老後資金のための長期投資ではリバランスなどの調整はあまり必要ないと考えています。投資を開始する入り口ではしっかり案内しますが、開始後はただ長期投資を継続していただくだけで良いのです。むしろ、貯まってきた資産を活用する段階にこそ、私たち対面金融機関がアドバイスする価値があると言ってよいでしょう。

6 相場変動時のフォロー

お客さまのフォロー方法について、特に関心が高いのが、相場変動時のフォローについてです。「お客さまの保有している投資商品に含み損が出ている場合にはどうフォローすべきか」という質問はしばしばいただくのですが、相場の大幅な下落時や投資資産の評価額が含み損となっているお客さまに対して、何か特別なフォロー方法があるわけではなく、普段のフォローと何ら変わりはありません。お客さまご自身で投資判断していただく

方向でサポートします。

　顧客本位で販売し、その後のフォローも適切に行っていれば、相場が変動した際にもお互いのストレスはほとんどありません。むしろ相場下落時は追加購入を検討するお客さまが増えるほどです。

（1）含み損がある際に特別なフォローが必要になるのは、販売に問題がある

　相場は常に動いています。投資資産の価格は上昇したり下落したり、毎日変動することが当り前です。単調に上がり続ける、もしくは下がり続ける、などとは誰も思ってはいないはずです。お客さまも担当者もそのことを知っています。それなのに、なぜ多くの担当者はマイナスのフォローに対して後ろ向きになりがちであり、お客さまも「買ってすぐにマイナスになると思わなかった」「解約したい」などとネガティブな思考に陥るのでしょうか。

　それは、「お客さまが投資を理解していない」「自身のリスク許容度を超えた投資をしている」ということです。そして、このことを担当者が正確に把握できていないということです。

　お客さまが専門家のアドバイスを受けずに自分独りで情報収集し判断して、インターネットで取引している場合ならば、そのような事態に陥ることもあるでしょう。しかし、私たちがフォローするのは、そのほとんどが担当者との対面で適合性原則に則って販売しているお客さまなのです。対面でルールに則り必要な説明をしたうえで販売しているにも関わらず、お客さまが投資を理解していない、投資のリスク許容度を超えるという事態に陥るのは販売側にも大きな問題があると言わざるを得ません。

（2）フォロー時の３つの心得

フォローは日常のものと同じであると述べましたが、どのような状況でも常に念頭に置いておきたいことがあります。

①未来は分からない

未来は予測できません。何が起こるか分からないことを前提とした活動をすることです。そして、そのことをお客さまと共有することが不可欠です。

②事実を伝える

相場下落を不安に思うお客さまを安心させたいと思うかもしれません。しかし、我々は学者でもなければアナリストでも相場の専門家でもないということを肝に銘じて、安易な予想や楽観的（あるいは悲観的）な憶測で発言しないようにしましょう。

③投資目的の相互確認

面談の都度行ってください。単純なことなのですが、これがとにかく重要です。

以下、投資商品に含み損のあるお客さまへのフォロー方法について解説していきますが、この３点を心に留めながらお読みください。

（3）含み損フォローでありがちな問題点

投資資産に含み損があるお客さまへのフォローに対して、多くの担当者が後ろ向きになりがちです。筆者の経験によれば、フォローについての考え方に問題があるように思います。考え方を変えることができれば、臆することなく適切なフォローに臨むことができるはずです。

以下は、株式市場の大幅な下落時にお客さまフォローをする場面における先輩と後輩の対話です。お客さまフォローの姿勢として何が問題であ

り、どのように対処していけば良いのかを考えてみましょう。

【対話：先輩×後輩】

後　輩「アメリカの株式市場での下落が激しいですが、いったい何があったのですか」

先　輩「ニュースや新聞は確認しましたか？」

後　輩「一応、見るには見ましたが、理解はあまりできていなくて、怖いなと感じているのですけど…」

先　輩「"怖い"というけど、具体的に何が怖いと思っているの？」

後　輩「お客さまに状況を説明すべきだと思うのですが、私が今回の経緯をきちんと理解していないので、どのように説明すればいいか自信がありません。お客さまから自分の理解していないことを質問されても答えられないです。それから投信を解約したいとか、当社が悪いとか、私が怒られたり、責められたりするとか、色々考えてしまって怖いです。お客さまを安心させてあげるにはどのように説明したらいいでしょうか？」

先　輩「あなたの怖さは分かったわ。でも怖がる必要はないのよ。それからお客さまを安心させてあげる必要もないのよ。なぜだか分かる？」

後　輩「えっと、よく分かりません…。安心させずにアメリカ株から他の投信に乗換えしたほうがいいですよ、と伝えるとかですか？」

　この会話において、後輩には３つの解決すべき問題点があります。まず１つ目は"怖さ"、２つ目は"お客さまを安心させてあげたい"と考えていること、３つ目は"アメリカ株は乗換えしたほうがいいのか"という発想です。

【問題点①：怖さ】

　怖さには主に２種類あります。それは投資に関する「知識不足」と、「お

客さまに対する情報不足」からくるものです。

<怖さの正体1：投資に関する知識不足>

　投資に関する知識不足を補うために必要なことは単純で、勉強することです。しかし、知識は一朝一夕で身に付くものではありませんし、経験が浅いうちは実際の相場状況に応じた知識の活用が追いつきませんので、先輩に聞くというのがいいでしょう。チーム内や支店内で現状の説明会をするなど、年長者は全体を気遣い、一方で若手は先輩に勉強会開催を依頼するなどの相互に積極的なコミュニケーションが求められます。

　ところで、先輩は適切に後輩に教えられるのでしょうか。実は教えられない場合が多い、というのが現実でしょう。それこそが知識不足問題の根本かもしれません。というのも、「投資とは何か」というような投資に関する知識を学ぶような基礎研修を実施している金融機関はほとんどないのです。たいていの担当者は証券外務員などの資格を取得するための試験勉強と、商品説明の方法を学ぶ社内研修だけで営業活動を開始する、というのが実態です。担当者が十分な投資の知識を身につける仕組みが不足しているのが問題であると考えています。

　学ぶべき投資の知識は主に2つあります。1つは「情報収集と解説できるレベルでの理解」、もう1つは「株式投資や債券投資の本質理解」です。前者は本書第3章第3節を、後者は本書第1章第2節をそれぞれご参照ください。

<怖さの正体2：お客さまのことを知らない>

　お客さまを知れば、怖さはほぼなくなります。それはお客さまの相場下落時の心理状態や対処方法を想定でき、面談の事前準備も進めやすいからです。含み損フォローに必要なお客さま情報の最も重要な項目は「リスク許容度」です。

　しかし、厄介なことにリスク許容度というものは時の経過と共に変化す

るのが自然です。「このお客さまの情報収集は済んでいる」という考えでは誤ったお客さまのリスク許容度でご案内をしてしまう可能性がありますので注意しましょう。

【問題点②：お客さまを安心させたい】

　下落時のフォローでありがちなのは、安易に「ちょっと様子みましょう」などと言ってしまうことです。それはその場だけお客さまを安心させる"気休めワード"なのです。投資とは見えない未来へと継続する行為であり、価格が今よりも上がるか下がるか、それがいつなのかは分かりません。

　私たちは証券アナリストでもないし、相場の専門家でもありません。では一体何をすべきでしょうか。それは様々なリスクをお客さま自身が受け入れて、ご自分で考えて行動できるようにサポートすることです。具体的には、世の中に溢れる様々な情報の中からお客さまの投資目的に合致する情報を正しく取得し、投資資産に対してポジティブな材料、ネガティブな材料の両方を正確に、そしてお客さまの投資知識の習得度合いに合わせて理解していただけるように伝えることです。

　事実を伝え、お客さま自身が「これ以上の下落は耐えられない」と判断すれば解約すればいいのです。リスクを負うのは我々ではなくお客さま自身なのです。

【問題点③：他の商品に乗換え】

　乗換えすること自体が間違いなのではありません。商品によって乗換えをする・しないの対応が決まることはほぼなく、お客さまによって対応が決まる、ということなのです。前述の会話例では、特定のお客さまのフォローについて話しているわけではないので、「一律にA商品を他に乗換えする」というような発想が誤りなのです。お客さま一人ひとりの投資目的やリスク許容度に応じて、どのような投資判断をするのかをガイドするこ

とが求められています。

（4）３ステップと５つの対処法

　フォロー時の心得について理解し、含み損フォロー時に陥りがちな問題を確認した上で、具体的なフォロー方法について解説していきます。フォローは以下の３つのステップに分けて考えることができます。

　①現状を伝える

　②投資目的の再確認をする

　③対処の案内：保有・購入・乗換・リバランス・解約

　まずは投資状況を説明します。含み損が発生していること、その金額を確認したうえで、相場状況と経緯、そして経済状況を伝えます。このとき、自分の憶測は交えずに事実を伝えることに集中しましょう。そして、当初の投資目的を改めて確認します。長期投資が目的なのであれば、一時的な下落は想定していたことを思い出していただき、冷静に投資判断するサポートをしましょう。ここで、面談の度に投資目的を共有してきたという履歴が活きてきます。

　現状の説明と投資目的の再確認ができたら、いかに対処するかの案内を行います。相場下落時の対処方法は５つあります。「購入（分配金再投資）」「乗換」「解約（分配金を引出し）」「リバランス」「保有」です。

　購入、乗換、解約、リバランス、保有のそれぞれのメリットデメリットを解説して、お客さまの投資目的を達成させるためのアドバイスをします。そして最後はこちらのアドバイスの如何にかかわらず、お客さまの要望に従います。

① 購入

　一連の説明の後、今後の上昇を見込んでいる場合には追加購入となりま

す。場合によっては分配金の再投資もご案内します。日頃から「下落時は
追加購入」というご要望があるか否かを聞いておくと、下落時はお客さま
自ら購入のアポイントが入るものです。

【対応のポイント】

　相場が下落した時の購入は誰しもが底値で買いたいと思うものです。で
すが、それは不可能であること告げます。まだ下落している最中かもしれ
ないし、底かもしれない。それは過ぎてみなければ分かりません。今より
もさらに相場が下落を続ける場合であっても購入を決断できるかをしっか
り確認します。比較的短期の投資がご希望のお客さまでも、場合によって
は長期投資に切り替えることができるかについても確認してください。追
加購入は今後の上昇を見込むものですが、上昇に時間がかかったらどうす
るのか、長期投資に切り替えることができるのか、それとも見切って解約
をするのか、というお考えを聞いておきましょう。

　また、購入の方法は、一括購入、分割購入、定時定額購入がありますの
で、それぞれを使い分けてご案内しましょう。

　投資の格言で「魚のしっぽと頭はくれてやれ」というものがあります。
これはみな底値で買って最高値で売りたいと思うものですが、ほどほどの
相場で売買してしっかり身をいただこう、という意味です。また「落ちて
くるナイフはつかむな」という格言もあります。

② 乗換

　一連の説明の後、お客さまが「この商品は見込み違いだった」「今下落
している資産ではなく、上昇しているものに乗換えたい」「もっと安定し
ている商品にしたい」という要望があればそれに合う商品を提案していき
ます。

【対応のポイント】

　たとえば、「今上昇している資産にしたい」と仰った場合、その上昇がいつまで続くか分からないことははっきり伝えましょう。もっと安定している商品にしたいとご希望の場合も、具体的にどのくらいのリスクが取れるのかをしっかり確認してください。リスクを減らすためには商品を乗換えるという方法もありますが、スイッチングができる場合や、お客さまの投資金額を減らすという方法もあります。金融機関の利益にならない提案もしっかり行いましょう。そのほうが後の信頼に繋がります。分散投資の観点も大切です。他行での投資状況もヒアリングしておきましょう。事務面では乗換時の手数料、日数、さらに含み損から損失が確定することにより（NISA 以外は）損益通算の対象となることなども伝えましょう。

③ 解約

　一連の説明の末、解約を申し出た場合にはお客さまの決断を尊重します。

【対応のポイント】

　今までの投資経験や年数、他行の投資状況もヒアリングします。実は投資経験が長い、もしくは過去に経験がある、と言う場合はお客さまの今までの人生で投資とどのように付き合ってきたのか、トータルではプラスなのか、マイナスなのか、などをヒアリングしていきます。たとえば「他行では昨年 100 万円プラスを確定したから、おたくの投信はマイナス 50 万円で手を引いておくよ」など担当者の想像以上に様々な理由があるものです。この例の場合もそもそも顧客本位での活動ができていれば他行の投資状況をヒアリングできている場合も多く、お客さまの総合資産でご案内することができ、次の提案に繋げることができるのです。そのほか一部解約もできることや、事務面では、（NISA 以外は）損失確定により損益通算の対象となることを伝えます。

④ リバランス

　一連の説明の後、下落している商品を買い足すなどして投資バランスを調整したい場合にはリバランスを提案します。

【対応のポイント】

　購入時に投資バランスを意識して購入されたお客さまは、相場の下落時に下落している資産を買い足し、当初の投資バランスに戻します。この際、多くのお客さまは普通預金や定期預金から購入する場合が多く、資産全体としての投資割合が上昇する傾向があります。買い足す資金がない場合には、他の資産を売却して、下落している資産を買い足すことが考えられます。

　下落資産に対し、今後の上昇を期待しているけど、リバランスをするか迷う場合には、一度手続きを見送るのも方法です。そうしているうちに下落資産は上昇し、バランスが自然と整うこともあります。当初からリバランスを検討することが分かっているお客さまには、バランス型投信など、自動的にリバランスをしてくれる機能のある商品が適しています。

⑤ 保有

　一連の説明の末、お客さまが「保有」を決める場合が最も多いと思われます。

【対応のポイント】

　追加や解約、乗換など具体的な行動を取るにはある程度思い切りがいるものです。長期的には価格が上昇することを期待しているものの、追加購入まで踏み切れないという場合には、分配金の出る商品であれば分配金を再投資する方法があることもご案内すると良いでしょう。再投資は購入になりますから、下落時の再投資は購入単価を下げる効果がありますし口数が増えます。これは相場が上昇したときに、何もしなかった時よりも含み

損が早期に解消する方法です。

（5）含み損フォローの対応例1

　実際にどのように対処方法を案内するか、考えながら理解を深めていただくために、具体的な会話例をもとに解説していきます。以下に、投資金額に含み損のあるお客さまからの申し出として4つのパターンを挙げました。自分ならそれぞれどのように対応するかを考えてみましょう。

① 申出のパターン

・パターンA

お客さま「この商品、解約しようかな」

・パターンB

お客さま「今後上昇する見込みはありますか？」

・パターンC

お客さま「こんなにすぐにマイナスになると思わなかった」

・パターンD

お客さま「どうしたらいいでしょうか？」

　今までなら「どう答えて良いか分からなくて怖い」と思っていたお客さまの言葉にも、ここまで学んできた顧客本位の考え方を身につけることができれば、落ち着いて対応することができるでしょう。

② 申出に対する回答例

・パターンA

担当者「解約をお考えですね。解約は本日受付が可能です。ところでお客
　　　さまの投資目的は老後の資産形成であったと思いますが、今もその
　　　お考えにお変わりはないですか。解約の理由はやはり含み損がある

からでしょうか、それとも別の理由がおありでしょうか」

この回答例はお客さまが多少の不満を露わにしていたとしても、お怒りでない場合のものです。

お客さまは解約を申出ることを心苦しく思っていたり、また自分の判断が正しいのか迷っていたり、過去に金融機関職員に嫌な目にあわされた、など様々なマイナス感情や警戒心を持っていることが多く、硬い態度や表情をしているはずです。このような緊張状態では有効なヒアリングができませんので、一旦リラックスしていただく工夫をします。たとえばお客さまから解約の申し出があった場合は、受付時間や必要書類など事務的な要素を判断し「できる」「できない」を先にお伝えし、お客さまのご要望には従うという姿勢を見せます。そうすると多少なりともお客さまは安心し、一旦クールダウンします。

投資目的と解約理由を同時進行で聞いていきます。解約理由から判断し、金融機関側に不信感をお持ちの場合には担当者の提案に聞く耳をお持ちいただくことは難しい場合もありますが、必ずしもそうでない場合も多くあります。なぜなら金融機関に不信感を持つこととは別に、投資については元本保証でないことや、相場の上下が前もって予想できることではないことを多少なりとも知っているからです。それから、せっかく取引のある金融機関を変更することもお客さまにとって大きな労力を伴いますし、投じた資金をみすみす損をして終わらせたくないという気持ちもあります。したがって、聞く順番さえ間違えなければお客さまは何かしら話をしてくださいます。

もし、お客さまがお怒りで解約を申し出た場合は、販売した担当者では説明の機会を与えてもらえないことが殆どです。解約の手続きをして終わりになってしまいます。

事前にお客さまのお怒りが判明した場合には上司に相談し、上司からお

客さまに状況を説明するなどの対応が必要です。担当が変わるだけで落ち着いて今後の対策を考えられる状態になることも多々あります。自金融機関のお客さまで居続けてくださることは何よりも大切なことだと思いますので、担当替えや上司からの説明は躊躇せずに行うことが求められます。ちなみに含み損がある時に怒り出すお客さまの気持というのは単純に金融機関への不満からのみではなく、儲けようと思って投資に手を出して「失敗」してしまった自分を恥じていたり、あるいは資産を減らしては家族から叱られるということを危惧していたりする場合も考えられます。対応する際にはそのような様々な感情をお持ちであることを考慮して誠実な対応が必要です。

- パターンB

「上昇するのか、下落するのか、そしてそれがいつ頃起こるのか、それを予想している人は沢山いて、いつも誰かの予想が当たり、誰かの予想は外れます。一喜一憂の世界ですので、私は予想についてはあまり見ないようにしています。そして予想のほとんどは短期的なものだと思いますから、長期の投資家にはあまり参考にならないものであることも多いです。とはいえ、市場を揺るがしている"要素"があります。その要素をご説明いたします。○○です。それによると今のところの足元のプラス要因は△△です。マイナス要因は××です。投資は見えない未来に向かって資金を投じるものですから結局ご自分の投資している資産が成長すると信じていれば投資を継続する。というご判断になると思います」

この「今後の上昇見込みはありますか」とは本当によく聞かれる質問です。筆者が今後の市場動向が分かるわけがないですし、そのことはお客さまもご承知のはずです。そもそもアナリストなども市場予想は当たったり、外れたり、みんな同じことを言ってみたり違うことを言ってみたり様々です。市場予想の時間軸は大抵短く、数日、数週間レベルものもの多いで

すし SNS や新聞、ニュースも国民の資産形成を促しているとは思えない
ほど近い未来を語っているものがほとんどです。そのような言説を追うこ
となく、なるべく長期投資家をフォローする資料を集めましょう。

　お客さまの中にはご自分の相場観がある方と、全くない方がいますが、
ご自分の相場観がない人ほど依存関係が生まれやすくなりますので、個人
的な相場観は伝えないように注意しましょう。お客さまの投資経験や情報
収集能力、相場観、当方への依存度に合わせて適切なフォローをしましょ
う。

• パターンC

「相場は必ず上下します。真っすぐに右肩上がりではありません。リー
マンショックの下落直前に購入した方は、直後に約半額になっています。
その時に解約した人、追加購入した人、そのまま持ち続けた人、それぞれ
いらっしゃいました。価格変動があるものを保有するときの基本は安いと
きに買う、高いときに売る（長期投資は高いときも解約はしませんが）で
すよね。逆を考えれば分かりやすいかもしれません。『安いときに売る、
高いときに買う』ではどう考えても損をしてしまいます。その波を乗り越
えるための対策が長期投資なのです。追加購入してもよいけど、少々怖い
とのことでしたら分配金を再投資してはいかがでしょうか。相場が上昇し
てきたら、再度分配金を普通預金に入れるようにするという変更が可能で
す」

　相場変動があることを承知で契約したにも関わらず、相場が下落すると
「こんなにすぐにマイナスになると思わなかった」と言うお客さまは少な
くありません。そのような場合には、長期投資の意義について、ニューヨー
クダウなどの長期チャートを見せながら具体的に説明すると良いでしょ
う。追加投資の選択肢は提示するものの、お客さまの不安にも理解を示し
つつ、分配金再投資にするといった妥協案を出せれば、長期投資の継続に

より前向きに臨みやすくなるでしょう。

- パターンD

「はい。まずはお客さまの投資の目的などを教えていただき、一緒に考えてきましょう。同じ商品でも追加購入する人や、解約する人、それぞれです。商品ごとの傾向、というものはありますが、基本的にはお客さまごとに対処方法があります」

どうしたらよいか、とのご質問をしてくるお客さまの背景も様々で、本当に「どうしたらいいか分からない…」という方もいれば、「状況を聞きに来た。判断材料が欲しい、情報が欲しい。」という方もいます。我々が普段お客さまをサポートする際は後者のような意図で相談に来てくれるようなお客さまを増やすつもりで接しましょう。

お客さまの属性、投資可能期間、リスク許容度などによって対応を決めていきますが、実際には投資している商品や時世によっても対応は変わってきます。

（6）含み損フォローの対応例2

含み損フォローの方法について、いまひとつ具体例を確認して理解を深めていきましょう。投資目的や家族構成などが異なる4人の60歳代男性に対して、含み損が発生した場合にどのようにフォローすることが考えられるでしょうか。

① 購入の経緯

お客さまA「人生100年時代だから長生きリスクに備えて生涯投資したい。利益は自分で受取りたいですね。でも独身なのでなるべく死ぬまでに投資を終わらせたほうがいいかな」

お客さまB「人生100年時代だから長生きリスクに備えて生涯投資した

い。利益は自分で受け取り、自分の死後はそのまま子に相続させ、投資の果実は子が受け取ればいいと思います」

お客さまC「不動産収入があって、子に相続する予定です。キャッシュに余裕があるので投資は趣味でしています。配当や分配は受取らなくてよいです。投資のまま子に引き継いでいくでしょうね」

お客さまD「投資は認知症防止に色々と楽しんでいます。自分で判断できるうちに引き上げて元気なうちに全部使いたいと思っています。子どもたちも自立しているしね。もちろんマイナスよりもプラスで終わらせたいと思っています。時期はあと２～３年かな」

② お客さま別フォロー

・お客さまAへのフォロー

　保有商品に含み損が出たとしても、目的が長期投資であり本人も100歳まで元気なつもりなので引き続き長期投資するものとしてフォローします。リバランスも含めた追加購入も可能かどうか確認しましょう。

・お客さまBへのフォロー

　投資資産をそのまま相続するつもりがあり、世代を超えた長期投資が可能なため、解約する理由がありません。追加購入か、そのまま継続保有で良いでしょう。リバランスについてご案内するのも手です。

・お客さまCへのフォロー

　キャッシュリッチで投資を趣味で行なっているなら、相場下落時は追加購入か継続です。投資した資産が相続時に下落していたら、相続税評価額が下がることになりますし、プラスになっていれば、それはそれで良いことです。

・お客さまDへのフォロー

図表3-14 相場下落時のアドバイス例

60 歳代男性の属性とアドバイス例

	目的	投資の利益	家族	残りの 投資予定期間	相続時	資産背景	相場下落時
A様	長生きリスク	受取希望	独身	死亡まで		退職金程度と 自宅	保有、購入、 リバランス
B様	長生きリスク	受取希望	子供あり	死亡後も	投資のまま 子供へ	退職金程度と 自宅	保有、購入、 リバランス
C様	趣味	不要	子供あり	死亡後も	投資のまま 子供へ	不動産家賃 収入豊富	保有、購入
D様	認知症予防	どちらでも よい	子供あり	2、3年	子供に 遺さない	退職金程度と 自宅	解約、投資可能 期間等変更相談

出所：株式会社フィデューシャリー・パートナーズ

　2～3年のうちにはマイナスが取り返せない可能性もあることを伝えます。リーマンショック時には、ニューヨークダウの価格は5～6年ほど回復しませんでした。現状の損失額が許容範囲なら早々に損失を確定してしまうか、下落がさらに大きくなる可能性もあることを念頭に置きつつ2～3年様子を見るということになります。筆者は、投資可能期間を10年超に延ばすなど当初のご希望を変更して保有することを提案したいと思います。

　お客さまの投資目的に合わせて購入、乗換、解約、リバランス、保有いずれかをご案内します。「購入」は今後の上昇を見込む場合、「乗換」はこの商品に今後の見込みがないと思う場合、「解約」もこの商品に今後の見込みがないと思う場合、「リバランス」は資産配分を維持しながら投資を継続したい場合、「保有」は今後の上昇を見込む場合や、様子を見たいときなどに選択します。

　相場の下落時や含み損を抱えているときにお客さまが適切な判断と行動ができるか否かは販売時と日頃のサポートによって決まります。

　長期投資の場合、相場の下落時の基本はなにもせず保有か購入になると思います。自立しているお客さまは下落している資産の追加購入を検討することが多いです。下落する度に不安にかられて解約していては資産がプラスになるはずがありません。損をすることを許容できない方は投資をしてはいけませんし、私たちもそのような方に販売してはいけません。

　そして相場が下落しているときというのは、世の中に不穏な出来事が起こっている時です。ネガティブな情報が溢れ、不安を煽られますがそのようなときにこそ、お客さまが自立して行動を決めていけるようになることをサポートしていきます。そのためにお客さまの状況を把握し、投資情報を収集してお客さまの求めに対応できるように準備しておきましょう。

第4章

提案営業が実践される環境づくり

本章では、主に経営陣に向けた提言を行います。

顧客本位の業務運営について、経営陣は現場職員に対し「顧客本位でやってくれないと困る」と考える一方、現場は経営陣の言動について「(収益を上げたいという本音とは異なる)建前」と考えており、双方の意見はかみ合っていないことが多いようです。顧客本位での資産形成・投資の提案営業が行われるためには、どのような仕組みにするか、どのように現場に働きかけるのがよいか、長年現場で働き現在は研修講師として様々な金融機関の役職員の実情を見てきた立場からの提案を示します。

また、現場職員が読むことで、職場のあり方や自金融機関の経営陣の言動について考えるきっかけになることも期待します。

第1節　利益相反の適切な管理

1　投資商品販売会社における利益相反

顧客本位での資産形成・投資の提案営業は、フィデューシャリー・デューティーの概念に照らし実践されるものです。したがって、現場職員には自らの利益よりも、お客さまの利益を優先しながら実務を行う必要があります。それを達成するために経営陣が最も優先すべきことは利益相反の適切な管理です。

投資商品販売における利益相反にはどのようなことが考えられるでしょうか。たとえば、他社の商品と比べて劣っているにもかかわらず、適切な理由なくグループ会社の商品を販売していることなどが挙げられます。お客さまの利益を追求するのであれば最善と思われる商品を取り揃えるべき

ところ、自グループの利益を図ることになるわけですから利益相反に当たるのです。この場合、商品ラインナップの整備が必要です。

　販売の現場において、利益相反が最も問題となるのは、現場職員自らの利益とお客さまの利益の相反が避けられない状態に立たされることです。実際、このような状況を抱えているという金融機関が多く見受けられます。たとえば営業目標として投資商品の手数料金額が設定されている場合、現場職員はより手数料率の高い商品を販売した方が、自分および支店の利益になります。そのため同等商品で手数料率の低いものが存在するにも関わらず、お客さまの利益を犠牲にして現場職員や支店、自金融機関の利益を優先し手数料の高い商品を案内するという現象が起きます。

　このような状況こそが、“利益相反が適切に管理されていない”ということです。まずは自金融機関において、このような問題点を明らかにしていただきたいと思います。そして、いかにして見直すことが出来るのか、を考えていきます。

　利益相反の適切な管理に必要なことは、経営と現場の分離です。

　経営陣が「顧客本位でやりましょう」と号令をかけても、それが浸透しないのは、現場が自金融機関の収益の責任を負っているからです。お客さまと接する現場において利益相反を排除する仕組みがなければ、お客さまの最善の利益を追求するのは困難です。

　そもそも一般的に、事業を営んでいる法人において収益確保の責任は経営陣が負うものです。経営陣が収益確保の仕組みをつくり、現場はその仕組みの中で業務を遂行して価値を創出します。そして経営陣は、現場の業務遂行が収益に結びつくよう、あるいは不適切な方向へと進まないように管理するものです。一方で、金融機関が一般の事業者と違うのは、その業務の専門性が高く、お客さまとの間に情報の非対称性があることから、フィデューシャリー・デューティーを負っているという点です。故に、利益相

反の管理が求められているのです。したがって、金融機関の経営陣は、現場職員がお客さまの利益を追求する働きをする仕組みを、最低でもお客さまの利益を犠牲にするような行動を取るインセンティブを完全に失くす仕組みを用意しなければなりません。

　もし、お客さまから「利益相反管理方針について聞きたい」と言われたら、説明責任は経営陣にあります。その際、どのようにお答えするのかを想定した運営が必要ではないでしょうか。少なくとも、いくつかの金融機関のウェブサイトに公表されている"利益相反管理指針"を読んだ限りでは、お客さまがそれを理解し納得するのは難しいと感じています。

　顧客本位の業務運営方針を公表している金融機関は多いと思いますが、利益相反を管理する取組みもお客さまが金融機関を選ぶ際の指標となるように公表するものです。金融庁に向けて公表しているわけではないことを再認識していただければと思います。

　単に「顧客本位にしましょう」という号令をかけるだけではなく、フィデューシャリー・デューティーを深く理解し、利益相反を管理するためにどうすべきか徹底的に議論してください。そして、その結果を組織内に浸透させ、それをお客さまに公表していただければと思います。

②　営業目標をどのように考えるか

　利益相反管理の問題から営業目標をどのように取扱うべきかを考えてみます。すでにいくつかの金融機関で営業目標が撤廃されているようです。良い例はどんどん見習うべきなのですが、営業目標を廃止すること自体がただちに顧客本位であるというわけではありません。

　経営陣から突如目標廃止を言い渡された金融機関職員からは「自分の評価はどのようにされるのだろう」「せっかく商品を覚えて売れるようになっ

たのに悔しい」「やる気が起きない」という声を多く聞きます。その方針転換の意図するところがわからず、自分の進むべき方向を見失うという不安に襲われるのです。顧客本位の業務運営とは、投資商品を販売しないことではありません。ましてや、職員がやる気を失い、活動しないようになってしまっては、お客さまに対して金融の役割を果たすことはできず、本末転倒です。

　営業目標を廃止するにせよ継続するにせよ、どのような体制が顧客本位の業務を行うのに適しているのか、議論を重ね熟慮した上での決定でなければなりません。そして目標を撤廃するのであれば、経営陣が、なぜそのような決定をするのか、現場職員にはどのようなことを求め、何を評価するのかを明確にする必要があります。

　目標を単に撤廃することが顧客本位の業務運営ではないと書きましたが、それではどのような目標であれば良いのでしょうか。たとえば、次のようなあり方が考えられます。収益目標が掲げられていると、お客さまに適しているかどうかに関係なく手数料率の高いものを売るという圧力になります。それを販売額目標にすれば、少なくとも手数料率が高い物ばかり売るというバイアスはなくなります。他には、お客さまの現在の投資への拠出額を評価対象にする方法もあります。そうすれば、乗換販売ではなく、お客さまの預貯金を投資へと振り向ける活動への後押しになるかもしれません。その場合は解約を引き留めてしまう恐れのないよう別途管理するなどして、不適切な活動を防止する措置をしていただきます。その他、販売顧客数、販売件数を目標にする、などを複合して設定することが考えられます。

　また、年齢などを理由に販売承認が必要な取引の場合は、支店内で販売承認をする立場の方が承認しますが、その方もお客さまの利益と支店の収益との利益相反の渦中に立たされている場合が多いのではないでしょう

か。少なくとも筆者は銀行員時代に、承認が却下された例を知りません。

第2節　経営理念に沿った目的の共有

　利益相反の適切な管理を「経営と現場の分離」と表現するならば、次に伝えたいことは「経営と現場の一致」です。

　現場職員は、経営陣が顧客本位には触れずに「収益を稼ぎましょう」と命令すれば、それをやろうとするでしょう。また収益には触れずに「顧客本位で営業しましょう」と命令すれば、それもやろうとします。いずれも、経営と現場の意志疎通が図られている状態であり、矛盾はありません。しかし、「お客さまの最善の利益を追求せよ」と「（適切とは思えないほど）大きな収益目標を達成せよ」の両方を課せられたらどうでしょうか。アクセルとブレーキを同時に踏めと言われているようなもので、多くの職員は混乱します。そうなれば、呆れてやっているふりをするか、さもなければ疲弊して退職するでしょう。ちぐはぐなメッセージを発するのは、人的資本を破壊することになるのです。この状況を変えるためには、問題を直視し、原因を取り除かねばなりません。それはすなわち、矛盾なく一貫して「お客さまの最善の利益を追求せよ」と命じてくだされればよいのです。

　経営陣が発する指示に沿って職員が迷いなく顧客本位の業務を行うためには、経営陣も含めた全職員が組織の目指すべき方向を共有していることが必要ではないでしょうか。それはすなわち、経営理念を共有し、全員がそれを目標として一致させているという状態です。

　現場職員がお客さまのため、地域のために全力を出せるように、経営陣が目指すものを現場職員と共有し、経営理念の達成に向かって共に活動していただけたらと思います。

第3節 顧客本位が成立する 営業体制の構築

1 商品ラインナップの選定

　小売業の事業者をイメージすると分かりやすいですが、自分の店の品揃えをどのようにするのかということは全力で取組むべき課題かと思います。金融機関もお客さまにいかに価値を提供するのかを戦略的に考え、商品ラインナップを厳選してください。

　商品ラインナップを選定するにあたっておすすめしたい方法があります。それは、経営陣お一人お一人が、販売を担当している職員に接客を受けて自金融機関の商品ラインナップの説明を受けてみることです。そして、是非とも自分の投資する商品を、自金融機関で選んで購入してみていただきたいのです。その際、経営陣として知りたいことを職員にいろいろと質問してみてください。たとえば、他にどんな商品があったら良いかとか、お客さまの反応はどうか、などです。商品ラインナップの選定に大いに役立つこと間違いなしです。

　職員は、経営陣が自金融機関で資産形成や資産運用を行っている姿を見ると安心します。それが普通だと思い、自分でも資産形成を行い、その姿を部下や後輩に示すのではないでしょうか。そして、担当者は自分達が良いものと思って実践している資産形成・投資を、自信を持ってお客さまに案内できるようになるでしょう。経営陣も現場職員も自金融機関で資産形成をするということは、投資商品を購入するお客さまの立場になることで、顧客本位の業務運営とは何か、どのように実現すべきかを自分事として考えることができる有効な取組みです。

2　投資信託の手数料の意味付けを明確にする

　投資信託を販売するにあたり、金融機関はお客さまから、販売手数料や信託報酬を頂戴することができます。筆者は販売に携わっていた際に手数料については以下のようにお客さまに説明をしていました。

① 販売手数料は、事務的な手数料と購入時のガイド、サポート料金として頂戴しています。

② 信託報酬は、事務的な手数料と今後のフォロー料金として頂戴しています。

　しかし、これでは説明のつかない、仕組みとして疑問を感じる部分がありました。たとえば、インターネットバンキングでの購入でも対面と同じ購入手数料、信託報酬が設定されていたことです。筆者は販売手数料にはガイド料やサポート料金が含まれていると思っていたので、対面でのご案内が難しいお客さまに対しては電話でサポートした後、インターネットバンキングでの購入をしていただいていました。しかし、その当時はインターネットでの販売分は担当者の営業成績としてカウントされず、評価もされませんでした。また、同等商品であるにも関わらず後発商品の手数料が高くなるということもありました。これについてお客さまへ合理的な説明ができずに苦慮しました。銀行に入ってくる利益の違いと説明するしかなく、それは自金融機関が顧客本位ではないと告白することにもなるため、そこに悩みが生じていました。

　お客さまから頂く手数料が何に対するものであるかが曖昧であると、現場職員としてはお客さまへの説明に悩むことになりかねません。このような状況に対して販売会社である金融機関がまずできることは販売手数料の整備でしょう。販売手数料率は販売会社が商品ごとに定められた範囲内で

設定できるためです。たとえば、販売手数料は購入時のガイド料であると定義すると、販売手数料を一律にしたり、非対面でのインターネットバンキングでの販売手数料は無料にしたりすることが考えられるでしょう。

　また、販売手数料にはそもそもガイド料は含まれず、投資信託購入の際のシステム使用料などと定義すれば、非対面でも販売手数料が生じることに矛盾はなく、それと同時に対面での購入時に実施されるガイドやサポートに関するものは無料で実施していると定義することになります。あるいは、投資信託の販売手数料は無料にして、別途アドバイスで手数料をいただく事業を展開することも考えらえるでしょう。その際の報酬の決め方としては、当該相談の対象となる資産額に対して定率とするか、総資産に対して定率とするか、定額とするか、大きく分けて３つがあります。いずれにしても、信託報酬として頂くものとの兼ね合いもあり、全体の手数料を適切に説明できるよう設定することが求められます。

　手数料をどのように定めるのかは、金融機関ごとに様々な戦略がありうるでしょう。銀行などの株式会社と信金、信組などの協同組織ではその成り立ちや利害関係者に大きな違いがあります。特に協同組織としての金融機関は出資者が地元の方々であり、限られた範囲のコミュニティ内で求められる役割には独特のものがあります。

　また、協同組織に限らず預貯金や融資業務を扱う金融機関では、資金繰り相談や定期的な訪問など、全ての業務に手数料が設定されているわけではない営みが根底にあります。こういったことを踏まえ、それぞれの金融機関がその果たすべき役割や生み出すべき付加価値を考えた上で、手数料を定義してお客さまに明示をすることには意義があります。お客さまが金融機関を選択する際の良い検討材料の一つになるでしょう。

　金融庁が公表している顧客本位の業務運営に関する原則の４にも手数料の明確化がうたわれています。そこには『金融事業者は名目を問わず、顧

客が負担する手数料その他の費用の詳細を、当該手数料等がどのような
サービスの対価に対するものなのかを含め、顧客が理解できるよう情報提
供すべきである』とあります。

　手数料を明示する戦略を立てるにあたり、参考になるのが英国の金融制
度改革です。2013年に実施された手数料改革で、アドバイスの対価はお
客さまから直接受け取る仕組みになりました。要するに信託報酬の解体が
起こったのです。日本の金融制度改革も英国の事例を参照にしていますか
ら、現時点（2023年6月）では金融庁は「何のための手数料なのかを明
示せよ」と促しているに過ぎませんが、今後信託報酬についての大きな改
革が起こる可能性もあります。このことを考慮し、今のうちから手数料を
どのように明示すべきかを議論していく必要があるでしょう。

③ 顧客情報管理と担当者変更

　本書で幾度も述べていることですが、顧客情報は自金融機関の資本であ
り、持続的に収益を生み出す源泉です。資産形成・投資の提案営業のみな
らず、金融機関の提供し得るサービス全てにおいて重要なものです。その
情報はお客さまの人生と共にあります。現在の担当者のみが分かりやすく
管理すれば済むものではありません。担当者が変わってもお客さまとのお
付き合いはずっと続いていきますから、代々大切に引き継いでいく必要が
あります。

　たとえば、経営陣が支店に対して、遺言ニーズがどのくらいあるかなど
聞いたときに、顧客情報が適切に管理できていれば、何件あるとすぐに回
答できるでしょう。そうすれば、新規商品を導入する際の収益見込みも立
ちやすくなります。また、お客さまのニーズがどれほどあるかの見立てが
あれば、営業店の活動量が適正であるかの判断材料にもなるのではないで

しょうか。

　自金融機関の顧客管理に適したシステムを導入することが理想ではありますが、さしあたっては紙ベースでもしっかりとお客さまの情報を記録し、必要なときに参照できるように整備していきましょう。全てのお客さまの情報管理ルールを構築することがすぐにできない場合でも、最低限、預貯金以外を販売したお客さまの情報管理だけは緊急で整備してください。なぜならお客さまの長期投資を成功させる秘訣は相場変動時に解約しないことであり、そのフォローには投資の動機をお客さまに再認識いただくことの繰返しが重要で、そのためにはそれまでの折衝履歴が決定的に重要になってくるからです。

　日本の金融機関は全国ほぼ同じ商品を取扱っています。それなのに、お客さまに選ばれる金融機関とそうでない金融機関があるのはなぜか、その理由は金利や手数料の有利さだけではありません。決定的な差は情報管理体制にあるのではないでしょうか。命の次に大切と言われるお金の相談です。お客さまは、自分のことをよく知っている担当者に相談したいのです。

　このように顧客情報を蓄積して、きめ細かな対応をしていくと、患者が医師の異動についていくように、お客さまも担当変更を望まなくなります。担当者がお客さまのことをよく知り、顧客本位に徹した仕事をしている場合はなおさらのことです。金融機関の担当者は一定期間で変更になるのが一般的ではありますが、それが顧客本位の業務運営を追求する上で最善であるのか検討してみるのも良いのではないかと思います。担当者は一つのエリアを長く担当することで、そのエリアに対する責任感が増す可能性があります。一方で、頻繁に異動を繰り返す場合には、担当エリアの発展にどれほど責任を持っているのかの意識調査が必要かもしれません。もちろん各金融機関によって事情は様々であるため一概には言えませんが、定期的な担当変更のもたらすメリットやデメリットについて再考してみて

はいかがでしょうか。

第4節　担当者が創意工夫を発揮できる体制

　本章の最後に申し上げたいのは、現場の権限を拡大し、臨機応変さを確保すべきではないかということです。

　顧客本位の業務運営はプリンシプルベースでベストプラクティスを追求することが求められています。顧客本位とは、文字どおりお客さまを基点として業務を実行していくことです。ベストプラクティスを発揮するのは、お客さまと接する現場の担当者なのですから、担当者が自由に動けることが必要です。経営陣が仕組みを整備し、組織全体のバックアップを受けた現場の担当者が、お客さまのために存分に働ける環境を作りましょう。ミニマムスタンダートである法令遵守は絶対ですが、適切な管理体制を敷いた上で、担当者を信じて、任せてください。そうすれば、現場の担当者は創意工夫ができる余地が生まれます。

　そのためには今までとは違うリスクが生じ、新しい管理体制が求められると思います。顧客本位の業務運営の成功の鍵は、大胆な思考の転換、そして実行です。

1　人材を育成する

　現場担当者はお客さまのために活動したい、そして学びたいと思っています。

　これは22年間の金融機関職員経験で、合併や事業譲渡等により4つの金融機関の職員と業務を共にし、独立後は多くの金融機関の皆様と交流している筆者の実感として断言できます。

　ある程度の勤続年数になってくると、研修に対して現場の反応は鈍くなってきます。担当者が研修に行きたくない、または管理者が行かせたくない、もしくはその両方という場合が多いです。

　この原因は主に2つあります。1つは、学びたい内容ではないことです。もう1つは、学んだ内容を現場で活かせない、ということです。

　前者への対処方法は単純で、学びたい内容を学ばせることです。

　勤続年数がある程度長くなってくると、配属部署の違いや、部署の様々な事情により経験や知識の広さ、深さに差が出てきます。にもかかわらず、研修ではそれら受講者の違いによらず一律的な内容であることが原因しているのです。研修メニューを複数用意し、受講者を募る方法が良いでしょう。

　後者については、学んだ内容を支店でフィードバックさせることが効果的です。現状のフィードバックは、一度のみの勉強会やミーティングの実施、または本部への継続的な報告が中心だと思います。それらとは別に、現場における継続的なフィードバックが必要です。たとえば研修内容が「経済知識の基礎」であった場合、受講者本人が継続フィードバックとして、毎日の朝礼で「本日の経済情報ワンポイント」のスピーチをすると決めて1ヵ月間実行する、といったことが考えられます。「お客さまとのコミュニケーション」についての研修を受講したならば、活動日誌や研修報告書等に「本日はお客さま2名に対し研修で学んだ観察、推測からアプローチをしました。その結果お客さまのご趣味がボランティア活動であることがわかりました」とか「今日は声かけの機会を見計らうことができませんでした」などと研修で学んだことの実践状況を気軽に毎日共有する、などといった活動がいいでしょう。

　重要なのは、フィードバックする先は本部ではなく、所属部署内であることです。研修で学んだことを実践するということは、新しいことへの挑

戦です。これまで慣れ親しんだルーティンから抜け出して、新しい習慣を身につけるのは、勇気と根気の要ることです。これを毎日共に働く仲間や上司が見ていてくれれば、継続する力になりますし、そうでなければ止めてしまうのは容易いことです。「研修に行っても現場で使えず、何も変わらないから行かなくていい」という雰囲気が出来上がってしまわないように、研修を受講した職員を職場全員で育てていく仕組みを作りましょう。それが恒例となれば、去年同じ研修に出た人は、今年の受講者がフィードバックをする姿を見て、再確認・再認識ができ、学びが連鎖し共通認識となっていきます。

　共に働く場所で自分の活動を見てくれる人がいることは大変心強く、それは研修で学んだことを継続する原動力になるのです。

　筆者は、新入社員研修を終え支店に配属になった新入社員に対し、何を研修したか、営業に出るにあたり教えて欲しいことはあるかと毎年聞いていたのですが、その回答は異口同音に「経済のことと、投資商品の内容を教えてください」というものでした。それはお客さまと接するにあたり、経済の話題ができない、投資商品の内容がわからない、という不安からくるものでした。しかもこれは一部の金融機関のみならず、多くの金融機関において共通です。新入職員が学びたいことを具体的に認識するのは、配属部署に着任してからです。これも、配属された部署により、必要な知識やスキルは異なるでしょう。

　新入職員にはゼロからの学びが必要であるため、まずは一律の研修になるでしょう。ですが、学びたい研修を受けられるような仕組みが全職員に対して備わっていれば、着任後すぐに実務的な研修を受講し、不安を軽減させることも可能になります。

　また、新入職員研修では本書第3章1節でご紹介している「経営理念の読み解き研修」を実施してみてください。研修のファシリテーターは人事

課の研修担当者ではなく、2〜3年目の職員にするなど工夫するもの良い
かもしれません。いずれにしても毎年実施することにより、10年後にど
のような組織が出来上がるか楽しみな研修です。

2　輝いて働けるように

　多くの人は誰かの役に立ちたいと思っています。お客さまの役に立ちた
いと思うのと同時に、自金融機関の役に立ちたいとも思っているのです。
　金融検査マニュアルをはじめとするルール偏重の姿勢により、多くの金
融機関では長い間自主自律的な取組みがなされてきませんでした。そこか
ら一転して、金融庁はフィデューシャリー・デューティーという難解な概
念のもと、金融機関の自主的な取組みとして顧客本位の業務運営を推奨す
るようになりました。顧客本位という言葉は一見易しく見えますが、ただ
ルールに従っていればよいのではなく、自ら何をすべきか考え続ける難し
い活動です。目指すべき経営理念を改めて見据え、この終わりのない問い
を真剣に議論してください。そして、それを経営陣から現場職員まで目的
意識を共有してください。
　目指すべき方向が分かれば、金融機関は優秀な人材を採用しているので
すから、すぐに担当者はお客さまに喜ばれる成功体験を得ることができる
でしょう。そしてその成功体験は蓄積されていきます。お客さまの言葉に
悔し泣きをし、お客さまの言葉にうれし泣きもし、お客さまを師として日々
学んでいきます。もっとお役に立ちたい、そのためには勉強しなければな
らない、とも思うでしょう。そう思えばこそ、創意工夫が生まれ、付加価
値の提供が自然とできるようになります。そうなれば、もう、誰もがお客
さまのためにしか働けなくなります。
　経営陣は職員の成長を信じてください。人はみな宝石の原石です。光り

方の速度や深度や色も大きさもそれぞれですが、必ず光り、そしてその輝きは増していくことができるのです。

あとがき

　今、一つの結論にたどり着いています。それは近い未来、地元の金融機関が多くの国民にとって安心して資産形成・投資の相談ができる場になる、ということです。

　世間では、金融機関は無理な販売をしていてダメだ、と槍玉に挙げられることが少なくありません。業界全体を見回すと、不適切な販売が複数の金融機関で行われている実態があるのも確かであり、そのように批判されてしまうのも無理からぬことです。では、お客さまはどこに相談すれば本当に自分のためのアドバイスが受けられるのでしょうか。筆者は2018年に銀行を退職してから、"お客さまのためのアドバイザーのあるべき姿"を追い求めてきましたが、この問いに答えることは難しいと言わざるを得ないのが日本の現状です。

　投資についてアドバイスを行うためには、豊富な知識と確かな倫理観が求められます。筆者は、金融商品販売やアドバイスに携わる多くの人々にお会いしましたが、この二つを共に持ち合わせているかどうかという観点からすると、実に玉石混淆でした。銀行のみならず金融業界、アドバイス業界全体が混沌としているような環境であることを知り愕然としました。

　さらに日本では、投資アドバイスに関係する制度も試行錯誤の段階にあります。理想の形でアドバイス業務をするためには、自分の能力や工夫のみならず金融行政に関わる多くの課題を乗り越える必要があることを知りました。真に国民の健全な資産形成を推進するには、それを後押しする基盤が必要であり、金融制度改革が必須です。先行している英国の良い点や改善点を参考にし、早急な改革を求めます。

一方、金融機関への研修や講演を行う中で実感していることがあります。それは、心ある金融機関職員が多くいるのだということです。筆者の講演や研修を受講した後に、今までやってきたことが間違いでないと確信した、力になった、とのコメントを多数寄せていただいています。本気で良き仕事がしたいと思い、それをできずに悩み苦しむ金融機関職員が、筆者が想像していた以上に多いことに嬉しい驚きがあります。お客さまのため、地域社会のために活動したいと考えている仲間はたくさんいるのです。このことは筆者にとって強い希望となり、前述の確信となりました。

　日本における顧客本位での投資アドバイスは黎明期です。どこにいけば適正なアドバイスを受けることができるのか、という課題に対し、制度改革も含め業界全体で模索している段階にあります。その中で、預金を取扱う多くの金融機関には優位性があると筆者は考えています。それは、基本的には投資商品販売に偏らない収益構造があること、組織としてある程度の規模があることで販売現場における利益相反を排除する仕組みを作りやすいこと、また、地域と運命共同体として歩んできた歴史、働く人々の多くが地元出身の人間であること、このような顧客本位を体現するのに適した特徴を有しているからです。

　経済学者の宇沢弘文は『社会的共通資本』岩波新書2000の中で、一つの国ないし特定の地域に住むすべての人々が、ゆたかな経済生活を営み、すぐれた文化を展開し、人間的に魅力ある社会を持続的、安定的に維持することを可能にする社会的装置として社会的共通資本の重要性を訴えました。社会的共通資本は自然環境、社会的インフラストラクチャー、制度資本の三つの大きな範疇に分けて考えることができるとし、制度資本に金融を含めています。そして、これら社会的共通資本の管理、運営はフィデュシアリー（原文まま）の原則にもとづ

いて、信託されていると述べています。

　金融に携わる者は、社会の持続・発展およびそこに暮らす人々の幸せにとって大切な役割と責任を担っています。私たち一人ひとりがフィデューシャリー（信認される者）として、お客さまのため、そして社会のために共に歩んでいきましょう。

〈著者紹介〉

森脇ゆき （もりわき・ゆき）

高校卒業後、埼玉県内の信用金庫に勤務。預金業務を担当。他信金破綻に伴う事業譲渡を受けるなかで、破綻側の店舗に配属され、人材教育と顧客対応を経験。2004年、信託銀行に勤務。合併に伴いシステム統合前に他方の店舗に配属。2信金、2信託銀行それぞれの職員やお客さま、カルチャーに接する。信託銀行では、個人のお客さまへの資産アドバイスを担当。担当総顧客数は約2,000人、不動産・相続相談を含む総合的な資産アドバイスを経験。お客さまの自己開示情報を元に、あなたのためのアドバイスを徹底。深く学ぶにつれて、働く意義、社会貢献、お客さまの最善の利益を追求するため、独立を決意。2018年、信託銀行を退職。株式会社フィデューシャリー・パートナーズを設立。経営理念は「あなたとこの社会の幸せによりそう」。

顧客本位で成功する！
資産形成・投資の提案営業術　　〈検印省略〉

2023年9月21日　初版発行
　1刷　2023年9月21日

著　者　森　脇　ゆき

発 行 者　星　野　広　友

発 行 所　株式会社銀行研修社

東京都豊島区北大塚3丁目10番5号
電話　東京03(3949) 4 1 0 1　（代表）
振替　00120-4-8604番
郵便番号　170-8460

印刷／神谷印刷株式会社
製本／株式会社中永製本所
落丁・乱丁はおとりかえいたします。ISBN978-4-7657-4697-7 C2033
2023©森脇ゆき　Printed in Japan　無断複写を禁じます。
★　定価はカバーに表示してあります。